JN255967

書類・帳票の書き方・活かし方

仕事の質が変わる! 書類事務のコツ

榊原宏昌

中央法規

はじめに

たくさんの書類に囲まれてうんざり……。

来る日も来る日も書類仕事……。

色々な種類の書類が手元に届くけれど、正直内容はよくわからない……。

書類はひとまずファイルに綴じているものの、目を通す余裕もない……。

私が初めて居宅介護支援事業所のケアマネジャーになったときは、まさしくこのような感じでした。

運営基準上、必要とされるアセスメントやケアプランをはじめ、要介護認定の申請や給付管理上の帳票、加算の算定に必要な書類、他職種・他機関との連携の書類、介護保険以外の周辺制度の申請等の書類など、次々に見たことのない書類を相手に仕事をすることは、ケアマネジャーになったばかりの私にとっては、大きなストレスでした。

一体、どれだけのことを覚えればいいのだろう……という漠然とした不安が常にある感じでした。初心者はもちろんのこと、ある程度経験を積んだケアマネジャーであっても、こうした不安は拭えないのではないでしょうか。

本書は、居宅介護支援のケアマネジャー業務を行ううえで手にする可能性のある帳票を網羅し、紙面の許す限り、帳票の意義や目的、書き方、読み方、活用の仕方について、解説を加えました。つまり、漠然とした不安に対して、学ぶべき対象を明らかにし、そのうえで、一つひとつの帳票の意味を知ってもらおう、ということです。

単に空欄を埋めるだけになっていた書類や、目を通すことなくファイリングだけされていた書類の意味を理解することで、手間でしかなかった「作業」が、意味のある「仕事」と感じられるようになると思います。さらに、これら帳票の理解は、業務の質の向上だけでなく、効率化も同時に実現してくれるものだと考えています。自らのケアマネジメントのスキルアップだけでなく、多職種協働や制度の理解にもつながることでしょう。

以上の目的で本書を活用していただきたいと考え、標準様式にとどまらず、都道府県や各種団体が作成した様式等について筆者がアレンジしたものも多数収載しました。読者の皆さんには、本文の内容を参考にして、使いやすいようにカスタマイズしてご活用いただけたらと思います。また、可能な限り多くの帳票を取り扱いたい、という考えから、複数枚の帳票については、最初の1枚のみをイメージとして見せているものもありますので、ご了承ください。

本書は、私が10年前、ケアマネジャー1年生だったときに欲しかった書籍をイメージして執筆しました。このような素晴らしい機会を与えてくださった中央法規出版の米澤様、本書が出来上がるまでにご尽力いただいた皆さんに心より御礼申し上げます。読者の皆さんのお役に立ち、喜んでもらうことができれば、それが一番のお返しになると思っています。

2017.11 榊原宏昌

CONTENTS

タスにゃん
人を助(タス)けることに喜びを感じ
ネコ一倍仕事(タスク)に燃えるケアマネ5年目のネコちゃん。
肩にかけているタスキは使命感の象徴。
ツナ缶(マグロ)とレタスが大好物。

凡例

本書で使用する法令等の“略称”と「正式名称」および概要は、以下のとおりです。

◎“運営基準”　：「指定居宅介護支援等の事業の人員及び運営に関する基準（平成11年厚生省令第38号）」

⇒　居宅介護支援を提供するうえで満たすべき職員数、運営方法等の基準を定めたものです。

※“運営基準の解釈通知”：「指定居宅介護支援等の事業の人員及び運営に関する基準について（平成11年老企第22号）」

⇒　運営基準の内容を補足し、解釈を加えたものです。

○“算定基準”　：「指定居宅介護支援に要する費用の額の算定に関する基準（平成12年厚生省告示第20号）」

⇒　居宅介護支援の介護報酬の算定について、基本報酬や加算の額、満たすべき要件について定めたものです。

※“算定基準の解釈通知”：「指定居宅サービスに要する費用の額の算定に関する基準（訪問通所サービス、居宅療養管理指導及び福祉用具貸与に関する部分）及び指定居宅介護支援に要する費用の額の算定に関する基準の制定に伴う実施上の留意事項について（平成12年老企第36号）」

⇒　算定基準の内容を補足し、解釈を加えたものです。

（◎省令、○告示、※通知）

ケアマネ業務の必須書類・帳票

1

CONTENTS

01 契約時に用いる書類等

POINT
これらの書類は、利用者・家族に最初に説明するものになります。特徴や違いを押さえて理解しましょう。トラブル防止の観点からも重要な書類です。

運営規程

運営規程は、事業所運営の基本的なルールを定めたもので、運営基準に項目が定められています。事業所の指定申請の際に都道府県（もしくは市町村）に提出するものであり、内容の変更には手続きが必要で勝手に変更することはできません。重要事項説明書と重なる内容が多いため、運営規程について利用者・家族に説明する機会は少ないでしょうが、重要事項説明書とともに、事業所に掲示が義務づけられています。

重要事項説明書

重要事項説明書は、利用者・家族にサービス内容を説明し、理解してもらうための書類です。利用の同意を得ることでサービスが開始されますから、利用者・家族が内容をきちんと理解できるよう、極力、専門用語は用いず平易な言葉で説明しましょう。

「説明」は、専門職の大切なスキルです。例えば、アセスメント、ケアプラン、モニタリング等をわかりやすく説明できますか？　主要な業務は特に、利用者・家族に理解してもらえるよう、資料なども用いて丁寧に説明しましょう。

説明の仕方やウェイト付け（どの部分により時間を割くか等）についても、事業所等でマニュアル化しておくことが大切です。説明するケアマネジャーによって、内容にバラつきがないよう気をつけましょう。

重要事項説明書(例)

説明を専門職の大切なスキルだと心得ましょう

居宅介護支援

事業所○○○○重要事項説明書

あなた（利用者）に対する指定居宅介護支援の提供開始にあたり、○○○条例の規定に基づき、当事業者があなたに説明すべき重要事項は、次のとおりです。

1．事業者（法人）の概要

事業者（法人）の名称	株式会社 ○○○○
主たる事務所の所在地	〒000-0000 ○○市○○○町○○
代表者（職名・氏名）	代表取締役 ○○ ○○
設立年月日	昭和○○年○○月○○日
電話番号	○○○－○○○－○○○○

2．ご利用事業所の概要

ご利用事業所の名称	ケアプランセンター○○○	
サービスの種類	居宅介護支援	
事業所の所在地	〒000-0000 ○○市○○○町○○	
電話番号	○○○－○○○－○○○○	
指定年月日・事業所番号	平成○○年○○月○○日指定	○○○○○○○○○○
管理者の氏名	○○ ○○	
通常の事業の実施地域	○○市、○○市	

3．事業の目的と運営の方針

事業の目的	要介護状態にある利用者が、その有する能力に応じ、可能な限り居宅において自立した日常生活を営むことができるよう、適正な指定居宅介護支援を提供することを目的とします。
運営の方針	事業者は、利用者の心身の状況や家庭環境等を踏まえ、介護保険法その他関係法令及びこの契約の定めに基づき、関係する市町村や事業者、地域の保健・医療・福祉サービス等と綿密な連携を図りながら、利用者の要介護状態の軽減や悪化の防止のため、適切なサービスの提供に努めます。

説明の仕方について事業所のケアマネジャー同士で勉強しましょう

4．提供するサービスの内容

○ あなたのお宅を訪問し、あなたの心身の状態を適切な方法により把握の上、あなた自身やご家族の希望を踏まえ、「居宅サービス計画（ケアプラン）」を作成します。

○ あなたの居宅サービス計画に基づくサービスの提供が確保されるよう、あなたとその家族、指定居宅サービス事業者等との連絡調整を継続的に行い、居宅サービス計画の実施状況を把握します。

○ 必要に応じて、あなたと事業者との双方の合意に基づき、居宅サービス計画を変更し

事業所に掲示が義務づけられています

運営規程(例)

○○居宅介護支援事業所運営規程

（事業の目的）

第１条　○○法人○○が開設する○○居宅介護支援事業所（以下「事業所」という。）が行う指定居宅介護支援の事業（以下「事業」という。）の適正な運営を確保するために人員及び管理運営に関する事項を定め、事業所の介護支援専門員その他の従業者（以下「介護支援専門員等」という。）が、要介護状態にある高齢者に対し、適正な指定居宅介護支援を提供することを目的とする。

（運営の方針）

第２条　事業所の介護支援専門員は、要介護者等の心身の特性を踏まえて、その有する能力に応じ自立した日常生活を営むことができるように配慮して行う。

2　事業の実施に当たっては、利用者の心身の状況やその環境に応じて、利用者の意向を尊重し、適切な保健医療サービス及び福祉サービスが、多様な事業者から、総合的かつ効率的に提供されるよう配慮して行う。

3　事業の実施に当たっては、利用者の意思及び人格を尊重し、特定の種類又は特定の居宅サービス事業者に不当に偏ることのないよう公正中立に行う。

4　事業の実施に当たっては、関係市町村、地域包括支援センター、他の指定居宅介護支援事業者、介護保険施設等との連携に努める。

（事業所の名称等）

第３条　事業を行う事業所の名称及び所在地は、次のとおりとする。

①　名称　　○○居宅介護支援事業所

②　所在地　　○○市○○町○○○○

（職員の職種、員数及び職務の内容）

第４条　事業所に勤務する職種、員数及び職務の内容は次のとおりとする。

①　管理者　１名（常勤兼務職員、介護支援専門員と兼務）

管理者は、事業所の従業者の管理及び業務の管理を一元的に行うとともに、自らも指定居宅介護支援の提供に当たるものとする。

②　介護支援専門員　２名（常勤兼務職員１名、管理者と兼務、非常勤専従職員１名）

介護支援専門員は、指定居宅介護支援の提供に当たる。

③　事務職員　１名（非常勤専従職員）

必要な事務を行う。

（営業日及び営業時間）

第５条　事業所の営業日及び営業時間は、次のとおりとする。

①　営業日　月曜日から土曜日までとする。ただし、祝祭日、１２月２９日から１月３日までを除く。

②　営業時間　午前９時から午後５時までとする。

（居宅介護支援の提供方法、内容及び利用料等）

第６条　指定居宅介護支援の提供方法及び内容は次のとおりとし、指定居宅介護支援を提供した場合の利用料の額は、介護報酬の告示上の額とする。

①　利用者の相談を受ける場所　　第３条に規定する事業所内

②　使用する課題分析票の種類　　○○○

③　サービス担当者会議の開催場所　　第３条に規定する事業所内

事業所運営の基本的なルールを定めたものです

契約書

利用者・家族の同意を得る際に、契約書を用いることは義務ではありませんが、一般には、重要事項説明書の説明の際にあわせて用いられることが多いようです。「説明」の重要性については、重要事項説明書の項と同様です。難しい言葉や内容であっても、より平易な言葉に言い換えたり、たとえ話を用いるなどして、利用者・家族が理解しやすいように工夫しましょう。

個人情報使用同意書

個人情報を使用する目的と範囲について説明を行い、同意を得るための書類です。アセスメント（聞き取り）の後に、個人情報使用の説明・同意という順番にならないように、業務の手順について一つひとつプロセスの意義を考えて行いましょう。また、運営基準の解釈通知には、“利用者およびその家族の代表から同意を得ること”とあります。家族とは、「利用者家族の代表」であることを理解しておきましょう。

いずれの書類も、利用者・家族にサービスの内容を理解していただき、よりよいサービス提供、利用者・家族の生活の質の向上につながるものです。トラブル防止の観点からも、重要な書類であり手続きとなります。

- 運営規程は、事業所運営の基本的ルールと理解しましょう。
- 重要事項説明書は、利用者・家族に居宅介護支援の内容を説明し、理解してもらうことが目的の書類です。
- 「説明」は専門職にとって大切なスキルであると心得ましょう。
- 個人情報使用同意書は、個人情報使用の目的と範囲について説明を行い同意を得るために用います。

契約書(例)

トラブル防止の観点からも重要な内容が含まれています

居宅介護支援事業所〇〇〇〇契約書

〇〇〇〇様（以下「利用者」と略します。）と〇〇〇〇（例：株式会社〇〇、社会福祉法人〇〇会）（以下「事業者」と略します。）は、事業者が提供する指定居宅介護支援について、以下のとおり契約を締結します。

（契約の目的）

第１条　事業者は、介護保険法（平成９年法律第123号）その他関係法令及びこの契約書に従い、利用者が可能な限り居宅において、その有する能力に応じて自立した日常生活を営むことができるよう、利用者に対し適切な居宅サービス計画を作成し、かつ、居宅サービスの提供が確保されるよう指定居宅サービス事業者その他の事業者、関連機関との連絡調整、その他便宜の提供を行います。

（契約期間）

第２条　この契約の期間は、以下のとおりとします。

平成　　年　　月　　日～平成　　年　　月　　日

ただし、契約期間満了日以前に利用者が要介護状態区分の変更の認定を受け、要介護認定有効期間の満了日が更新された場合には、変更後の要介護認定有効期間の満了日までとします。

2　上記契約期間満了日までに利用者から契約更新しない旨の申し出がない場合、本契約は自動的に更新されるものとします。

（居宅サービス計画の立案）

第３条　事業者は、介護保険法に定める介護支援専門員を担当者として指定し、居宅サービス計画を作成します。

2　介護支援専門員は、居宅サービス計画の作成に当たり、次に掲げる事項を遵守します。

一　利用者の居宅を訪問した上で利用者及び利用者の家族に面接し、解決すべき課題の把握に努めること。

二　利用者又は利用者の家族に対し、当該地域における指定居宅サービス事業者等に関するサービスの内容、利用料等の情報を、適正に提供すること。

三　利用者の日常生活全般を支援する観点から、介護給付等対象サービス以外の保

平易な言葉に言い換える、たとえ話を用いるなど、説明は工夫しましょう

個人情報使用同意書(例)

個人情報の利用に関する同意書

〇〇法人〇〇会　〇〇居宅介護支援事業所では、個人情報保護法の趣旨を尊重し、契約書第〇条第〇項と〇〇法人〇〇会個人情報保護方針を遵守し、〇〇法人〇〇会における個人情報の利用目的で定めた目的のために、個人情報を取り扱います。

（事業者名）　〇〇法人〇〇会　〇〇居宅介護支援事業所
（住　　所）　〇〇
（代表者名）　〇〇　　　　　　印

私は、自身及び家族の個人情報について、上記の説明を受け同意いたします。

平成　　年　　月　　日

利用者氏名　＿＿＿＿＿＿＿＿＿＿＿＿＿＿印

代理人氏名　＿＿＿＿＿＿＿＿＿＿＿＿＿＿印

利用者家族代表者氏名　＿＿＿＿＿＿＿＿＿＿印

アセスメント（聞き取り）を行う前に、あらかじめ説明し、同意を得るようにしましょう

02 ケアプラン帳票

POINT
ケアマネジャーが最も頻繁に触れる帳票でしょう。各帳票の意義を再確認して、自信をもって記載できるよう、第6表・第7表も含めて理解しましょう。

課題分析(アセスメント)

課題は「ニーズ」のことだと考えると、理解しやすいでしょう。利用者や家族の気持ち、現状等を把握し、よりよい生活のために解決すべき課題(ニーズ)を考えます。そのために、利用者・家族双方と面談し、自宅の環境等も確認します。

第1表　居宅サービス計画書(1)

第１表は、利用者・家族の意向とチーム全体で共有する総合方針を記し、ケアプラン全体の方向性を示すものです。第２表の「目標（短期目標・長期目標)」「サービス内容」は第１表の内容に沿ったものとなるため、最終的なゴールは第１表「利用者及び家族の生活に対する意向」、チームケアの方向性は「総合的な援助の方針」と位置づけると、ケアプラン全体が整合性のあるものに仕上がります。

第2表　居宅サービス計画書(2)

第２表は、ケアプランの中核となる帳票です。課題分析（アセスメント）から導き出された課題（ニーズ）について、何を目標とし、どのようなサービスを行うかが書き込まれます。５Ｗ１Ｈ（いつ、どこで、誰が、何を、何のために、どうやって）が示されるケアプランで最も具体的な内容になります。実際のサービスも第２表に沿って行われます。

居宅サービス計画書(1)

第1表　　居宅サービス計画書(1)　　作成年月日　　年　月　日

初回・紹介・継続　　認定済・申請中

利用者名　　殿　生年月日　　年　月　日(　歳)　住所

居宅サービス計画作成者氏名

居宅介護支援事業者・事業所名及び所在地

居宅サービス計画作成(変更)日　　年　月　日　初回居宅サービス計画作成日　　年　月　日

認定日　　年　月　日　認定の有効期間　　年　月　日 ～　　年　月　日

要介護状態区分	要介護1　・　要介護2　・　要介護3　・　要介護4　・　要介護5
利用者及び家族の生活に対する意向	
介護認定審査会の意見及びサービスの種類の指定	
総合的な援助の方針	
生活援助中心型の算定理由	1. 一人暮らし　2. 家族等が障害、疾病等　3. その他 (　　)

ケアプランの最終的なゴールととらえましょう

チームケアの方向性を示すものです

居宅サービス計画書(2)

第2表　　居宅サービス計画書(2)　　作成年月日　　年　月　日

利用者名　　殿

生活全般の解決すべき課題(ニーズ)	目標				援助内容					
	長期目標	(期間)	短期目標	(期間)	サービス内容	※1	サービス種別	※2	頻度	期間

※1 「保険給付の対象となるかどうかの区分」について、保険給付対象内サービスについては○印を付す。
※2 「当該サービス提供を行う事業所」について記入する。

課題(ニーズ)に対し、何を目標とし、どのようなサービスを行うかが書き込まれます

サービスの5W1Hを示すものです

第3表　週間サービス計画表

第３表には、その月の標準的なサービス計画を週単位で記入します。利用者・家族の生活の全体像と、サービスの位置づけを見るうえで欠かせない帳票です。「主な日常生活上の活動」は１日、「月曜日から日曜日」は１週間、「週単位以外のサービス」は主に１か月の状況を示します。

第３表を活用すると、24時間365日の生活状況とサービスの位置づけを視覚的につかむことができます。

第4表　サービス担当者会議の要点

第４表は、利用者・家族・ケアマネジャー・サービス事業者等が集まり、ケアプランに記載されたサービス内容や支援方針等を確認・協議したサービス担当者会議の内容をまとめるための帳票です。

ケアプランは、利用者本人も含めた関係者全員で協働して作成されるものです。利用者・家族からはもちろん、サービス担当者からどのような意見が出たのか、ケアプラン原案を踏まえてどのような話し合いがなされて、どのように議論が着地したのか、きちんと記すようにしましょう。

第5表　居宅介護支援経過

「居宅介護支援」という言葉は、「居宅（主に自宅）」に住む要介護者に対する「介護支援（ケアマネジメント）」を指します。つまり、第５表はその名前のとおり、ケアマネジメントの経過を記載する帳票になります。

ケアマネジャーが利用者・家族、各種サービス担当者、関係機関との関わりで把握したことや判断したこと等を整理して、わかりやすく記載します。契約、アセスメント、サービス担当者会議、モニタリング、連絡調整などのケアマネジメントプロセスとともに、要介護認定の申請代行や苦情・事故、入退院などの記録についても、運営基準・算定基準等に従って記載しましょう。

週間サービス計画表

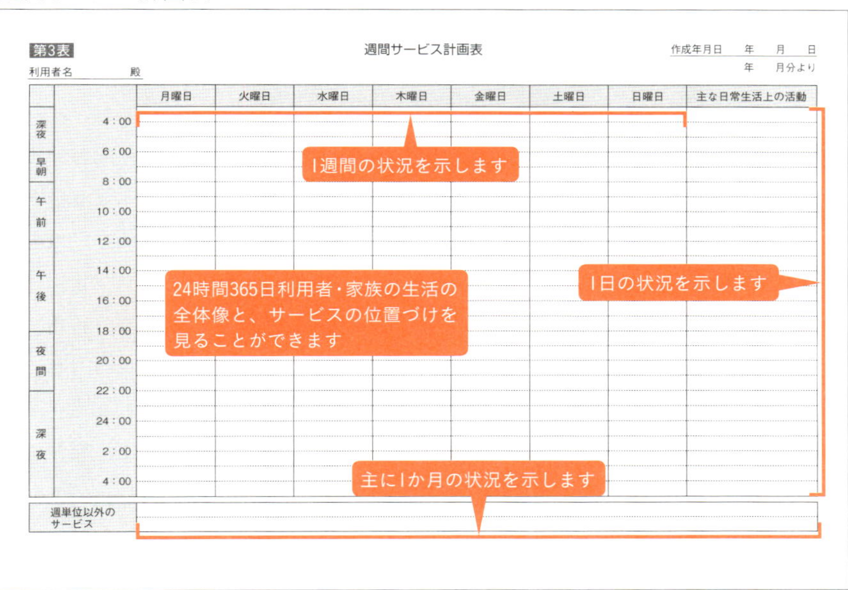

第3表　　週間サービス計画表　　作成年月日　年　月　日

利用者名　　殿　　年　月分より

		月曜日	火曜日	水曜日	木曜日	金曜日	土曜日	日曜日	主な日常生活上の活動
深夜	4：00								
早朝	6：00								
午前	8：00								
	10：00								
午後	12：00								
	14：00								
	16：00								
夜間	18：00								
	20：00								
深夜	22：00								
	24：00								
	2：00								
	4：00								
週単位以外のサービス									

居宅介護支援経過

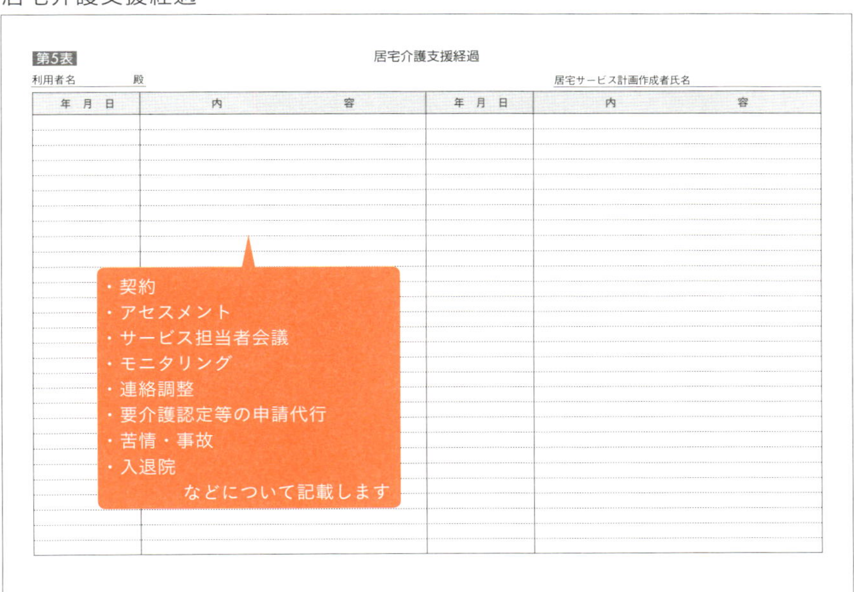

第5表　　居宅介護支援経過

利用者名　　殿　　居宅サービス計画作成者氏名

年　月　日	内　容	年　月　日	内　容

第6表　サービス利用票／第7表　サービス利用票別表

第６表・第７表は、ケアプランに位置づけた居宅サービス等を月単位でまとめた文書となります。１か月のサービス利用のスケジュールとその費用（介護給付分）が示されます。

第６表は、毎月の居宅サービスの計画と実績を記入し、サービス利用の予定と実績の管理を行うものです。利用票は横並びのカレンダー形式であり、「事業者名、サービス種類、サービス時間、日にち」が記載され、その日ごとのサービスの確認ができます。

第７表は、利用票のサービスごとの単位数、金額を表記し、１か月の利用料を介護保険利用分と利用者の利用負担分を明確にするものです。第２表の内容に加えて、How much（いくらで）の情報も含まれており、給付管理や利用者・家族に対する費用説明の点からも重要な帳票といえます。第６表とともに、毎月、利用者・家族から同意を得る帳票でもあります。

各帳票の名称と内容、役割を再確認するようにしましょう。さらに、帳票と業務の流れは一体のため、帳票の内容や連動性を理解していると、業務が効率的・効果的なものになるでしょう。

先輩からのアドバイス

第3表の白紙をアセスメントの際に持参し、利用者・家族とともに記入していく方法も使い方の一工夫です。「月曜日の午後の時間帯は（家族は）仕事で不在だから、訪問介護を利用して昼食や服薬状況を確認してほしい」などといった会話が生まれてきます。また、1日の過ごし方はその人らしさを表しているものということも意識してみましょう。

サービス利用票

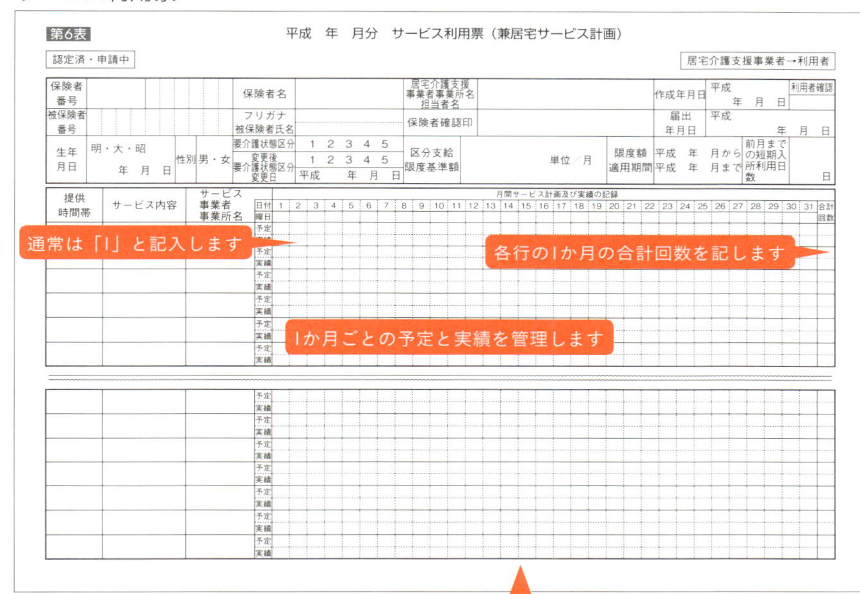

第6表　　平成　年　月分　サービス利用票（兼居宅サービス計画）

認定済・申請中　　　　居宅介護支援事業者→利用者

保険者番号		保険者名		居宅介護支援事業者事業所名担当者名		作成年月日	平成　年　月　日	利用者確認
被保険者番号		フリガナ 被保険者氏名		保険者確認印		届出年月日	平成　年　月　日	
生年月日	明・大・昭　年　月　日	性別 男・女	要介護状態区分 1 2 3 4 5 変更後要介護状態区分 1 2 3 4 5 変更日 平成　年　月　日	区分支給限度基準額	単位／月	限度額適用期間	平成　年　月から 平成　年　月まで	前月までの短期入所利用日数　日

月間サービス計画及び実績の記録

提供時間帯	サービス内容	サービス事業者事業所名	日付	1	2	3	4	5	6	7	8	9	10	11	12	13	14	15	16	17	18	19	20	21	22	23	24	25	26	27	28	29	30	31	合計回数
			曜日																																
			予定																																
			実績																																
			予定																																
			実績																																
			予定																																
			実績																																
			予定																																
			実績																																
			予定																																
			実績																																
			予定																																
			実績																																
			予定																																
			実績																																
			予定																																
			実績																																
			予定																																
			実績																																
			予定																																
			実績																																
			予定																																
			実績																																
			予定																																
			実績																																
			予定																																
			実績																																
			予定																																
			実績																																

サービス利用票別表

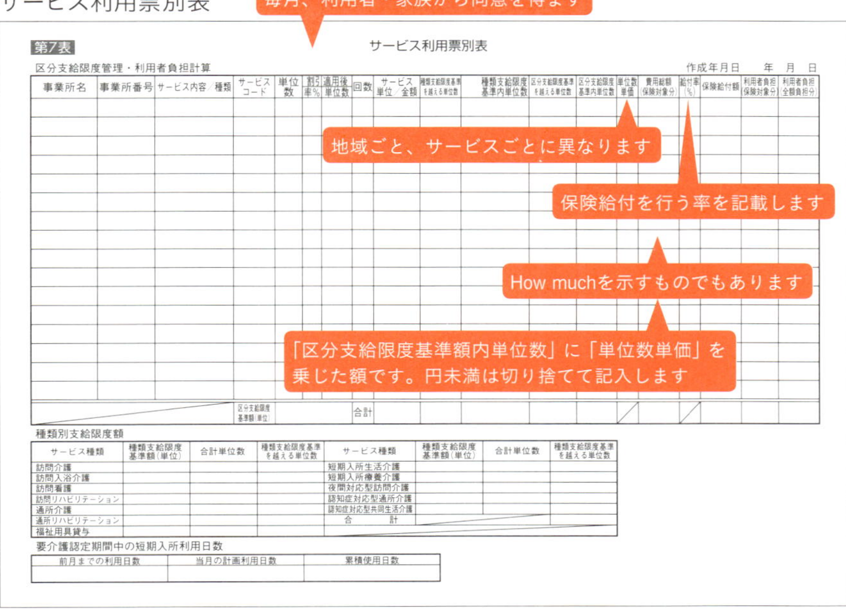

第7表　　サービス利用票別表

区分支給限度管理・利用者負担計算　　　　作成年月日　年　月　日

事業所名	事業所番号	サービス内容／種類	サービスコード	単位数	割引 率%	適用後 単位数	回数	サービス単位／金額	種類支給限度基準を超える単位数	種類支給限度基準内単位数	区分支給限度基準を超える単位数	区分支給限度基準内単位数	単位数単価	費用総額(保険対象分)	給付率(%)	保険給付額	利用者負担(保険対象分)	利用者負担(全額負担分)
			区分支給限度基準額(単位)				合計											

種類別支給限度額

サービス種類	種類支給限度基準額(単位)	合計単位数	種類支給限度基準を越える単位数	サービス種類	種類支給限度基準額(単位)	合計単位数	種類支給限度基準を越える単位数
訪問介護				短期入所生活介護			
訪問入浴介護				短期入所療養介護			
訪問看護				夜間対応型訪問介護			
訪問リハビリテーション				認知症対応型通所介護			
通所介護				認知症対応型共同生活介護			
通所リハビリテーション				合計			
福祉用具貸与							

要介護認定期間中の短期入所利用日数

前月までの利用日数	当月の計画利用日数	累積使用日数

03 サービス担当者会議の出席依頼

POINT
サービス担当者会議の案内兼出席依頼の帳票です。帳票の使用方法にとどまらず、サービス担当者会議の意義や連携するうえでの一工夫についても確認しましょう。

帳票の目的

ケアプランの確定にあたって、ケアマネジャーはサービス担当者会議を開催し、情報共有と専門的見地からの意見を聴取し、居宅サービス計画の原案について検討しなければいけません。そのために本帳票を用いて、担当者（第２表に位置づけた居宅サービス等の担当者）に対して、サービス担当者会議の開催を案内し、出席を依頼します。

帳票の使用方法

サービス担当者会議に先立って、担当者に本帳票をFAX等で送り、返信してもらいます。その際、「居宅サービス計画：第１ ～ ３表」と「サービス担当者に対する照会内容」（17頁参照）を同時に送るようにするとよいでしょう。

運営基準にもあるように、サービス担当者会議に出席できないやむを得ない理由があるときには、担当者に対する照会等により意見を求めることとされています。そのため、「サービス担当者に対する照会（依頼）内容」の文書も一緒に送っておくと、欠席の場合に意見をもらうことができます。欠席者の意見はサービス担当者会議においてケアマネジャーが代弁できるようにしましょう。

サービス担当者会議の出席依頼書（例）

事業所長様

サービス担当者会議の出席依頼書

（　お願い　）

以下の通りにサービス担当者会議を開催いたします。
つきましては、担当職員のご派遣をいただきますようご依頼申し上げます。

利用者様氏名	
利用サービス名	

開催理由（何のために会議を行うのか）が明確だと、検討もスムーズになります

開催理由	□新規　□認定更新　□区分変更　□状態変化 □サービス変更　□退院・退所　□その他（　　　　　）
内容	□居宅サービス計画(1)(2)(3)の検討 ※別途、居宅サービス計画書をご参照ください
日時	平成　年　月　日　：　－　：　迄
場所	

出欠席の確認です。どちらかに〇をお願いします

出席	（出席者氏名　　　　　）
欠席	

申し訳ありませんが、　月　日までにFAX返信をお願いします

依頼日	月　日
事業所	
事業所長名	
担当ケアマネジャー	
電話	
FAX	

回答日	月　日
事業所	
事業所長名	
担当者	
電話	
FAX	

「居宅サービス計画：第1〜3表」「サービス担当者に対する照会内容」を同時に送るようにしましょう

帳票の留意点や使用上の工夫

サービス担当者会議では、ケアマネジャーは利用者・家族、サービス事業者から意見を聴取して、支援の方向性を固めていく役割を担います。ただし、サービス担当者会議の開催に先駆けて、アセスメント、ケアプラン原案の作成、サービス担当者会議の日程調整など、業務が集中するため、サービス担当者会議は開催前の準備について負担感の多い業務という印象が先行しがちです。

しかし、サービス担当者会議の開催は、利用者を支援するサービス事業者等が一堂に会して、支援の方向性を協議する場を経ることで、チームとしての形が形成されるなど、多くの意義があることを理解しましょう。

サービス担当者会議の目的は、「情報共有」と「専門的意見の聴取」です。チームワークは、「共通の目標」「役割分担」「相互協力」の３つが大切だと考えられます。アセスメントの結果等について「情報共有」を行い、そのうえで、「共通の目標」を設定し、各サービス・各専門職間の「役割分担」と「相互協力」を話し合う場がサービス担当者会議であると考えましょう。

最近は事あるごとに多職種連携が重要だといわれますが、サービス担当者会議は多職種連携の基盤を作るものであり、その結果として練り上げられたケアプランこそ、多職種連携の具体的な形なのです。

また、第２表に複数のサービス事業者が位置づけられている場合、全員が参加することはなかなか困難です。その場合、例えば、退院直後で訪問看護の役割が重要と考えられるならば、事前に訪問看護事業所と日程調整を行い、訪問看護の担当者が出席できる日時でその他のサービス事業所に案内を出すことも、実践的な工夫といえるでしょう。

第1～3表、照会文書を手配するタイミングが大切

サービス担当者会議の案内の時点で、ケアプラン（第１表～第３表）や照会文書の添付について、違和感を覚えた方もいるかもしれません。皆さん、ケアプランはいつの時点で担当者の手元に渡っていますか？　サービス担当者会議当日ということが多いのではないでしょうか。

それでは、以下の文章を読んだことはありますか？

> サービス担当者会議の前に居宅サービス計画の原案を担当者に提供し、サービス担当者会議に個別サービス計画案の提出を求め、サービス担当者会議において情報の共有や調整を図るなどの手法も有効である。

これは、サービス担当者会議についての運営基準の解釈通知の文章です。義務ではありませんが、「サービス担当者会議の前に居宅サービス計画の原案を担当者に提供」と記されています。

担当者の立場にたつと、いきなり当日にケアプランを渡されて意見を求められても、熟慮・検討する時間も取れず困るのではないでしょうか？　会議に先駆けてサービス担当者に手配して、当日に臨んでもらうという一手間で、多職種連携は確実に深まるはずです。

利用者の立場にたっても、各サービス担当者が事前に内容を把握して会議に臨んでいたほうが心強いでしょうし、信頼感も増すことでしょう。ケアマネジャーの言動一つで、利用者のケアチームに対する印象も変わる、ということです。

ケアマネジャーはチームケアの要の存在であることを再確認しましょう。

- サービス担当者会議の出席依頼（ケアプラン第1表～第3表、照会文書）の送付→欠席者の意見のとりまとめ→サービス担当者会議→ケアプランの説明と同意・交付、という一連の流れを押さえましょう。
- チームワークには、「共通の目標」「役割分担」「相互協力」の3つが大切だと考えましょう。
- ケアプラン（第1～3表）、照会文書は、サービス担当者会議に先駆けて出席者に手配することで、会議当日の情報共有・調整がよりスムーズになります。

04 サービス担当者に対する照会依頼

POINT
ここでいう照会とは、ケアプラン原案について担当者に意見を聞くことです。出席できない方の意見は会議中に代弁する必要があり、照会内容・回答が把握できる帳票です。

帳票の目的

照会とは問い合わせて確認することであり、サービス担当者が会議に出席できないときには、本帳票を用いる等して担当者に照会等を行って意見を求めます（現在は居宅サービス計画の様式には含まれていませんが、以前は、第５表が「サービス担当者に対する照会（依頼）内容」として用いられていました）。

本帳票は必ず使用しなければならないものではなく、電話での聞き取りでも構いませんが、照会内容は記録しておく必要があります。

帳票の使用方法

「照会先（担当者）」「照会年月日」「照会内容」はケアマネジャーが記入します。FAX等で担当者に送り、「回答者氏名」「回答年月日」「回答内容」を記入のうえ、返信してもらいます。

サービス担当者会議においては、本帳票で把握した照会内容について、「情報の共有」と「専門的意見の聴取」という目的を達成するために、会議中に代弁することになります。

サービス担当者に対する照会内容(旧・第5表)

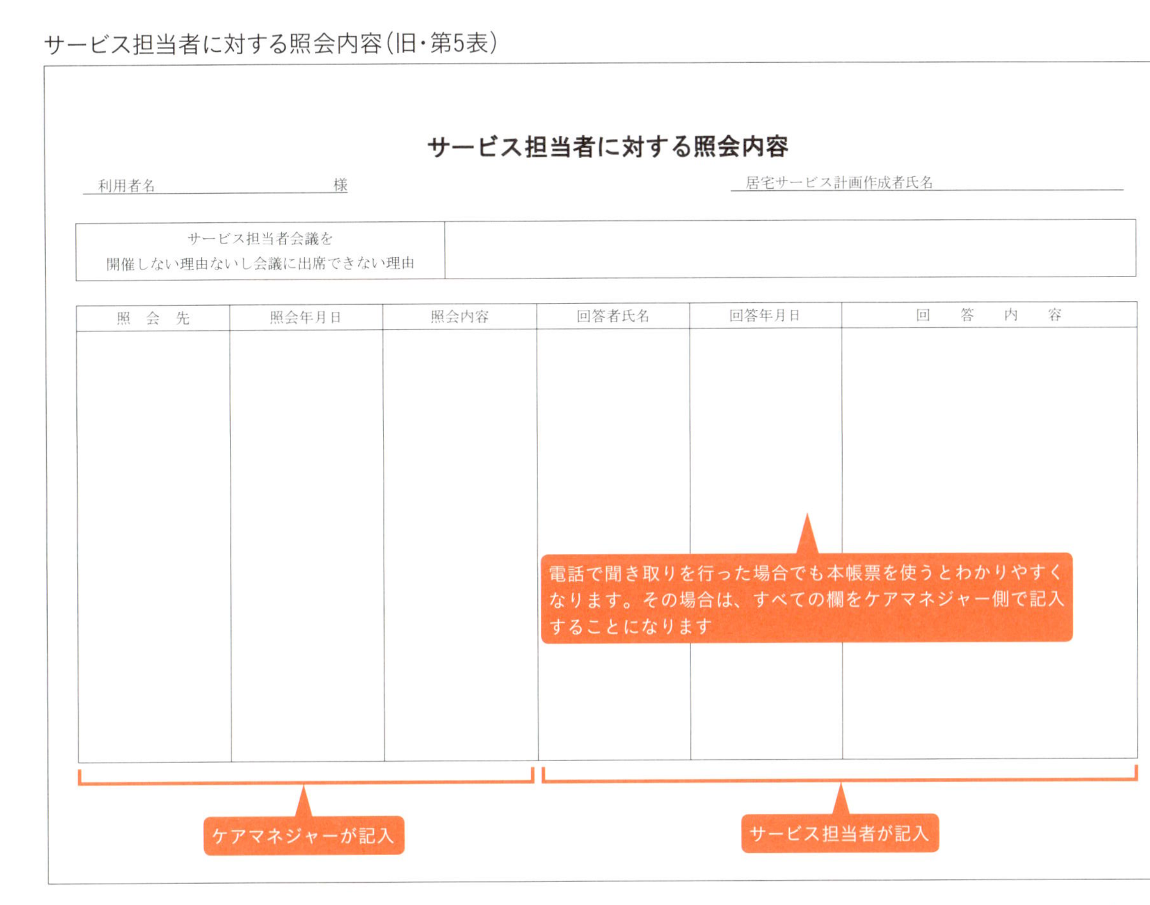

サービス担当者に対する照会内容

利用者名　　　　　様　　　　居宅サービス計画作成者氏名

サービス担当者会議を開催しない理由ないし会議に出席できない理由	

照会先	照会年月日	照会内容	回答者氏名	回答年月日	回答内容

「サービス担当者に対する照会内容」記載時のポイント

本帳票の記載に際しては、以下について参考にするとよいでしょう。

・照会先

照会する事業所、主治医、その他の社会資源等を書きましょう。その場合、正式名称で正確に、担当者がわかっている場合は氏名まで記載するとよいでしょう。

・照会内容

何を照会したいのか、担当者にきちんと伝わるように具体的な記載を心がけるようにしましょう。

・回答者氏名

照会先と回答者が異なる場合は、所属・氏名を記入しましょう。

・回答内容

照会された内容について、担当者がわかる範囲で（ケアマネジャーに）状況が伝わるように具体的な記載を依頼しましょう。

＜サービス担当者会議の進行例＞

①	・事前にレジメとケアプラン原案（第1～3表）を配布しておくことが大切です。 ・参加者は当日その場でケアプランを渡されて意見を求められても困ることが多いです。 ・同時に、“アセスメントの概要”や“モニタリングの結果”等もあるとよりわかりやすいです。 ・必須ではありませんが、「課題整理総括表」「評価表」の活用も検討してみましょう。
②	・事前に欠席者の意見照会の内容をまとめておくようにします。 ・会議の場で、これらの意見を代弁できるように準備しましょう。
③	・必要に応じて、参加者の自己紹介を行います。 ・利用者や家族が参加される場合や初めて顔を合わせる機会の際などでは、自己紹介を行うと親切でしょう。
④	・会議は30～60分で収まるように、最初に時間の目途をアナウンスしましょう。参加者全員に周知することが大切です。
⑤	・まず、今回の会議の開催理由（テーマ）を話します。 ・通常は、要介護認定の更新が多いでしょうが、その他、退院時やサービス内容の変更等があります。
⑥	・いよいよ本題ですが、まずは、これまでのサービスを振り返りましょう。 ・サービスの実施状況等について、各担当者に話してもらいます。欠席者の意見があれば代弁します。
⑦	・生活状況等のアセスメント結果の概要をケアマネジャーより話します。 ・そのうえで、「他に、何かお気づきの点などありますか？」と参加者に聞きましょう。

⑧	・「今回の目標は◯◯で、そのために◯◯というサービスを利用したいと考えています。皆さんから何かご意見などありますか？」と参加者に聞きます。 ・欠席者の意見があれば代弁します。
⑨	・第3表を使って、1週間（もしくは1日）のおおまかな生活を共有します。
⑩	・参加者から、これから1年（半年）を迎えるにあたって、気をつけたほうがよいこと、想定されることなどの意見を聞きます。 ・欠席者の意見があれば代弁します。

帳票の留意点や使用上の工夫

繰り返しになりますが、サービス担当者会議の目的は、「情報の共有」と「専門的意見の聴取」です。ケアマネジャー一人でケアプランを作っていないことを証明するためにも、こうした帳票やプロセスが重要だと意識してください。

サービス担当者会議を開催する場合には、第４表「サービス担当者会議の要点」を少し変更して、「会議出席者」欄の下に「会議欠席者」「欠席理由」「照会内容」の記入欄も設けておくと、情報共有・整理が行いやすくなります。一手間かかりますが、出来上がったケアプランとともに担当者に交付するとより確実です。

多職種協働の重要性が説かれている現在、ケアマネジメントもチーム協働で実行することが当然求められます。チームのコーディネーター、専門職種を超えたまとめ役として、ケアマネジャーの役割がますます重要になっているといえるでしょう。

サービス担当者会議に関する業務は、まさにチームで行うケアマネジメントの具体的な形といえます。

・サービス担当者会議に出席できない担当者には、担当者に対する照会等により意見を求めましょう。
・本帳票で把握した照会内容は、「情報の共有」と「専門的意見の聴取」というサービス担当者会議の目的を達成するために、会議中に代弁しましょう。

05 サービス担当者会議の出席依頼兼意見照会（医師用）

POINT
ケアプラン原案をもとに、支援の方向性を確定させるサービス担当者会議。その万全の準備には、利用者の医療面における意見聴取が必須となります。

帳票の目的

本帳票は、ケアプランの更新時（作成時）に医師から情報を得て、連携を図る際に活用するものです。サービス担当者会議は「情報共有」と「専門的見地からの意見を求めること」を目的とするため、出欠の有無にかかわらず、医師の意見を確認する必要があります。面会のアポイントは、午前診の終了後、夕診の開始前か終了後が一般的です。ケアマネジャーとの連携のための時間（いわゆる「ケアマネタイム」）を用意している地区もあります。

医師から情報を得る方法には、面会する、文書を郵送・FAXして返信をもらう、主治医意見書を確認する、利用者の受診時にケアマネジャーが同行する、訪問診療の際に同席させてもらう、退院時カンファレンスに参加する、などがあります。

帳票の使用方法

面会時には、事前連絡のうえ、ケアプラン原案と右頁の帳票を持って訪問します。医師の出席が難しい場合には、面会時に意見を聞いて、会議の場で他の担当者等に伝えることになりますが、念のため、切手を貼った返信用封筒も用意しましょう。文書を郵送・FAXして返信をもらう場合も同様です。

サービス担当者会議の出席依頼兼意見照会（医師用）（例）

平成　　年　月　日

病院・診療所名　　〇〇　病院
医師名　　〇〇　先生

本帳票は、面会時に記入してもらう、郵送・FAXにて返信してもらう、という形で活用します

拝啓　時下益々ご清栄のこととお喜び申し上げます。
平素は格別のご配慮を賜り、厚く御礼申し上げます。
今回　〇〇〇〇　様　介護保険更新時期にあたり、サービス担当者会議を開催させていただきます。ご都合がよろしければご出席賜りたくお願い致します。また、ご出席の都合がつかない場合は、添付しました居宅サービス計画書原案をご確認いただき、照会にてご意見を賜りたいと思います。
ご多忙中恐縮ではありますが、よろしくお願い申し上げます。

対象のご利用者（患者）名		
担当者会議	日時	平成　年　月　日　時～
	場所	
右記該当に〇印をお付け下さい	・ご出席	・ご欠席

＊下段照会内容に回答をいただきたくお願い申し上げます。

回答内容

1．該当する項目に〇をつけてください。
- このままの計画でよい
- 要介護認定時の主治医意見書を参照
  （　年　月　日発行分）
- 別添えの診療情報提供書を参照
  （　年　月　日発行分）
- 話し合いたいので連絡を希望する
- 意見、要望は以下の通り

できる限り具体的に質問し、具体的な回答をもらいましょう
例）「歩行練習の程度についてご意見をいただきたく思います」「糖尿病の食事制限についてどの程度まで厳密に行えばよいでしょうか」

2．本人は朝方眠くなってしまうことを気にしているようですが、服薬の内容などについて、ご意見はありますでしょうか。

3．その他　日常生活において気をつけることがあればお願いします。

医師名

〇〇居宅介護支援事業所　担当　〇〇　〇〇

帳票の留意点や使用上の工夫

この照会文書は、「2．本人は〜〜」の文章を利用者ごとに変更します。例えば、「歩行練習の程度についてご意見をいただきたく思います」「糖尿病の食事制限についてどの程度まで厳密に行えばよいでしょうか」など、実際のケアにかかわる内容を具体的に書くようにします。

「3．その他〜〜」のように漠然とした質問だけでは、「特にありません」としか返ってこないことが多いため、「2．本人は〜〜」の欄で、聞きたいことをできる限り具体的にして、質問することがコツです。返答の内容は、ケアプランを立案するときの根拠となります。

医師は、都合がつかずサービス担当者会議に欠席することが少なくありませんが、はじめから欠席するものと考えるのではなく、出席することを考慮に入れて、このような書式で意思を確認します。

また、事前に確認しておきたいことは、文書で情報をもらう場合に文書料がかかるかどうかということです。有料である場合、文書料については家族負担となるため、事前に同意を得るなど注意が必要です。

なお、基本的なことですが、医師の氏名、病院や診療所の名称、診療科など、誤字・脱字がないかチェックしましょう。介護サービス事業所の場合に比べて、連携の機会が少ないせいか、驚くほど間違いが多いので注意が必要です。

医師との連携について

医師からの情報収集を苦手にしているケアマネジャーは多いと思います。しかし、多くの要介護状態が疾病を基礎として起きていること、ほとんどの高齢者が慢性疾患をもっていることを考えると、ケアプランを立てるうえで、医療面の情報は不可欠といってよいでしょう。

ケアプランの更新時に情報を得るタイミングは、半年から１年に１度であることが多いので、このくらいの頻度であれば、ぜひ面会での情報収集をおすすめします。医師は忙しいことが多いため、事前に受付を通して時間を調整しても面会時間がせいぜい５分程度、ということがほとんどかもしれません。それでも、

“○○様のケアマネジャー” としてあいさつをしておくことは、いざというときの連携のためにも重要です。

また、同行受診はケアマネジャーが単独で面会するよりも、自然な形で医師にあいさつし意見を聞くことができるのでおすすめです。ただし、この場合にも、事前に医師と利用者・家族の双方に確認をとっておくことはいうまでもありません。

普段からの関係づくり

普段からの関係づくりのポイントとして、例えば、毎月、利用者ごとの状況報告を文書で行う方法があります。内容としては、利用中の介護サービス、障害・認知症の日常生活自立度、健康状態、ADLの状態、アクティビティや生活機能訓練の状態、ご自宅での様子、要介護認定の期間、などが挙げられます(115頁参照)。

いずれも、医師が毎月診察するときの助けになるでしょうし、主治医意見書を書く際の参考にもなるでしょう。普段の自宅での生活の様子などは、医師は直接得られない情報のため、貴重な情報源となります。

また応用編として、医師の立場から見たときに確認してほしいこと、報告してほしいことを、あらかじめ聞いておくのもよいと思います。

- ケアプランの作成・更新時には、医師の意見を聞きましょう。質問は具体的な返答がもらえるよう留意しましょう。
- 面談のアポイントは、午前診の終了後、夕診の開始前か終了後が一般的です。文書のやりとり、同行受診も活用して情報を得るようにしましょう。
- 返信用切手の準備、書類の誤字脱字のチェックなど、基本を疎かにしないようにして、普段からの関係づくりも大事にしましょう。

06 モニタリングシート

POINT
モニタリングは、ケアプランの実施状況や目標達成状況、生活状況の変化等を確認する業務です。PDCAの「C（チェック）」にあたり、ケアマネジメントにおける重要なプロセスです。

帳票の目的

サービス担当者会議を経て、ケアプランが確定するとサービスが開始されますが、ここからがケアマネジメントの肝心な部分です。ケアプランが作りっぱなしにならないように、その内容が的確か、利用者に効果がみられているか見届ける必要があります。これがモニタリングであり、居宅介護支援では、１か月に１回行うことが義務づけられています。

帳票の使用方法①

モニタリングにおいて帳票の作成は義務ではなく、例えば、第５表「居宅介護支援経過」に記載する方法でも構いません。しかし、毎回すべての内容を文章で記載するのは手間がかかり、抜けや漏れが生じる可能性も高いといえます。そのため、省力化の意図も含めて、オリジナルシートを作成して活用する事業所が多いのでしょう（モニタリングシートには、法定の様式はありません）。

モニタリングは、「利用者と面談」「自宅に訪問」して行うこととされており、実地指導でも必ず確認される項目です。そのため、短期目標に対応して使用できるよう日付が６回分、"面談相手"と"面談場所"の記載欄を設けている体裁が多いのが特徴といえます。

モニタリングシート（例）

モニタリングシート

利用者氏名			H ／		H ／		H ／		H ／		H ／		H ／	
担当者			面談相手		面談相手		面談相手		面談相手		面談相手		面談相手	
ケアプラン期間	平成　年　月　日 ～ 平成　年　月　日		面談場所		面談場所		面談場所		面談場所		面談場所		面談場所	
	短期目標	評価基準	実施	目標達成	実施	目標達成	実施	目標達成	実施	目標達成	実施	目標達成	実施	目標達成
①プラン実施状況・目標達成状況		プラン実施状況 （評価欄　左へ記入） 1. 実施されている 2. 実施されない時がある 3. 実施されていない 目標達成状況 （評価欄　右へ記入） 1. 改善 2. 変化なし（現状維持） 3. 悪化												
	サービス種別（訪問介護、通所介護等）	評価基準	利用者	家族	利用者	家族	利用者	家族	利用者	家族	利用者	家族	利用者	家族
②利用者・家族の見解（満足度）		1. 大変満足 2. 満足 3. ふつう 4. やや不満 5. 不満 6. 不明												
	アセスメント項目	評価基準	評価		評価		評価		評価		評価		評価	
③状況変化	1. 健康状態	1. 改善 2. 変化なし（現状維持） 3. 悪化												
	2. ADL													
	3. IADL													
	4. 認知症の症状													
	5. 社会交流・楽しみ・喜び													
	6. 介護者の状況													
	所見項目	評価基準	評価		評価		評価		評価		評価		評価	
④所見	新しい生活課題	1. なし 2. あり												
	他事業所との連絡調整の必要性													
	医療機関との連絡調整の必要性													
	家族との連絡調整の必要性													
	再アセスメントの必要性													
	ケアプランの変更・追加の必要性													
総合評価、特記事項等														

サービスが計画どおり実施できているか、目標の達成状況はどうかを確認します

サービス種別ごとに満足度を確認します

継続的なアセスメントとして状況の変化について確認します

ケアマネジャーとしての所見を記入します

6か月で1枚を想定しています

帳票の使用方法②

❶プラン実施状況・目標達成状況

短期目標に対してサービスが計画どおり実施されているかについて、「実施されている」「実施されていないときがある」「実施されていない」で評価します。目標達成状況は、「改善」「変化なし（現状維持）」「悪化」で評価します。短期目標が明確であれば評価しやすく、モニタリングではまず確認すべき項目です。

❷利用者・家族の見解（満足度）

サービスの種類ごとの利用者・家族の満足度は、通所介護、訪問介護などのサービス種別ごとに確認します。「大変満足」「満足」「ふつう」「やや不満」「不満」「不明」で評価します。利用者・家族からは、目標に対してではなく、サービス種類ごとの評価を聞くことのほうが多いものです。利用者・家族それぞれに確認することが大切です。

❸状況変化

状況変化は、「健康状態」「ADL」「IADL」「認知症の症状」「社会交流・意欲・楽しみ」「介護者支援」について、「改善」「変化なし（現状維持）」「悪化」で評価します。運営基準では、モニタリングは「居宅サービス計画の実施状況の把握（利用者についての継続的なアセスメントを含む。）」とされており、「継続的なアセスメント」が重要といえます。

❹所見

以上の情報をもとに、ケアマネジャーの所見として、新たな生活課題（ニーズ）はないか、他の事業所・医療機関・家族との連絡調整や、再アセスメントが必要ではないか、ケアプランの変更・追加の必要性はないか等を確認します。

最後に、総合評価・特記事項として、記号では表せなかった事柄を記載します。モニタリングによって、立案したケアプランがどのように運用されているのか、利用者の状況がどのように変化しているのかを把握しましょう。

帳票の留意点や使用上の工夫

数字を選択して記載できる項目がほとんどであり、省力化を目的の一つとしていますが、内容としてはかなり充実したものであることが理解できたでしょう。短期目標も記載してあるため、本帳票は事務所に帰ってから記入するのではなく、実際のモニタリング（面談）場面で、利用者・家族と一緒に記入することも、効率的・効果的です。

面談先での記載に慣れてくると、省力化にもつながり、負担感の軽減にもなります。また、面談時に本帳票を机の上に広げて、利用者・家族と一緒に記入していく方法をとることで、利用者・家族の参加意識も高まり、意欲の向上にもつながるメリットもあります。

いずれにしても、利用者・家族、サービス事業者からの意見を反映して作成したケアプランであれば、その結果が気になるものです。この「気になる」は、ケアマネジメントに限らず、対人援助職の本質といえるものです。

ケアマネジメント上、モニタリングが法令として位置づけられているということは、この「気になる」ことを“仕組み化”したものだ、ということもできます。PDCAサイクルでいえば、「C（チェック）」の部分にあたります。

ここまで、利用者・家族との面談によるモニタリングについて述べてきましたが、各担当者からの聞き取りも重要です。あわせて行うようにしましょう。

先輩からのアドバイス

モニタリングシートを毎月ケアマネジャーから各担当者へ送ることを義務づけている、という市町村もあります。運営基準ではそこまで求めていないので、市町村独自の基準でしょうが、とても重要なことだと思います。

ケアマネジャーが得た情報を各担当者へ知らせることは、チームケアとしては当然だからです。また、ケアマネジャーとしても、毎月提出することで他人の目に触れるため、モニタリングの質が上がる効果も期待できそうです。

07 基本チェックリスト

POINT

本帳票は新総合事業の導入とともに、ますます重要性が高くなりました。その目的や使用法だけでなく、具体的な内容についても把握しておくように心がけたいものです。

帳票の目的・使用方法

本帳票は、要支援者のアセスメントで活用するとともに、市町村等の窓口に相談に来た被保険者に対して、新しい介護予防・日常生活支援総合事業（新総合事業）の「介護予防・生活支援サービス事業」対象者かどうかを見極めるために活用されるものです（「介護予防・生活支援サービス事業」対象者は、要支援者と基本チェックリスト該当者です）。

以下は、厚生労働省老健局老人保健課発出の事務連絡（平成18年３月28日）「基本チェックリストの考え方について」の共通的事項です。

❶対象者には、深く考えずに、主観に基づき回答してもらってください。それが適当な回答であるかどうかの判断は、基本チェックリストを評価する者が行ってください。

❷期間を定めていない質問項目については、現在の状況について回答してもらってください。

❸習慣を問う質問項目については、頻度も含め、本人の判断に基づき回答してもらってください。

❹各質問項目の趣旨は以下のとおりです。各地域の実情に応じて適宜解釈していただいて結構ですが、各質問項目の表現は変えないでください。

基本チェックリスト

基本チェックリスト

No	質問項目	回答（いずれかに○をお付け下さい）	
1	バスや電車で1人で外出していますか	0 はい	1 いいえ
2	日用品の買物をしていますか	0 はい	1 いいえ
3	預貯金の出し入れをしていますか	0 はい	1 いいえ
4	友人の家を訪ねていますか	0 はい	1 いいえ
5	家族や友人の相談にのっていますか	0 はい	1 いいえ
6	階段を手すりや壁をつたわらずに昇っていますか	0 はい	1 いいえ
7	椅子に座った状態から何もつかまらずに立ち上がっていますか	0 はい	1 いいえ
8	15分間位続けて歩いていますか	0 はい	1 いいえ
9	この1年間に転んだことがありますか	1 はい	0 いいえ
10	転倒に対する不安は大きいですか	1 はい	0 いいえ
11	6ヶ月間で2～3kg以上の体重減少がありましたか	1 はい	0 いいえ
12	身長　　cm　体重　　kg（BMI＝　　）（注）		
13	半年前に比べて堅いものが食べにくくなりましたか	1 はい	0 いいえ
14	お茶や汁物等でむせることがありますか	1 はい	0 いいえ
15	口の渇きが気になりますか	1 はい	0 いいえ
16	週に1回以上は外出していますか	0 はい	1 いいえ
17	昨年と比べて外出の回数が減っていますか	1 はい	0 いいえ
18	周りの人から「いつも同じ事を聞く」などの物忘れがあると言われますか	1 はい	0 いいえ
19	自分で電話番号を調べて、電話をかけることをしていますか	0 はい	1 いいえ
20	今日が何月何日かわからない時がありますか	1 はい	0 いいえ
21	（ここ2週間）毎日の生活に充実感がない	1 はい	0 いいえ
22	（ここ2週間）これまで楽しんでやれていたことが楽しめなくなった	1 はい	0 いいえ
23	（ここ2週間）以前は楽にできていたことが今ではおっくうに感じられる	1 はい	0 いいえ
24	（ここ2週間）自分が役に立つ人間だと思えない	1 はい	0 いいえ
25	（ここ2週間）わけもなく疲れたような感じがする	1 はい	0 いいえ

（注）BMI（＝体重（kg）÷身長（m）÷身長（m））が18.5未満の場合に該当とする。

基本チェックリストはアセスメントの1つと理解しましょう。「運動不足」「栄養改善」「口腔ケア」「閉じこもり予防」「物忘れ予防」「うつ予防」といったニーズが抽出されます

帳票の留意点や使用上の工夫

本帳票の結果から、「運動不足」「栄養改善」「口腔内ケア」「閉じこもり予防」「物忘れ予防」「うつ予防」といったニーズが浮かび上がってきます。

基本チェックリストの基本的考え方

	基本チェックリストの質問項目	基本チェックリストの質問項目の趣旨
1～5までの質問項目は日常生活関連動作について尋ねています。		
1	バスや電車で1人で外出していますか	家族等の付き添いなしで、1人でバスや電車を利用して外出しているかどうかを尋ねています。バスや電車のないところでは、それに準じた公共交通機関に置き換えて回答して下さい。なお、1人で自家用車を運転して外出している場合も含まれます。
2	日用品の買い物をしていますか	自ら外出し、何らかの日用品の買い物を適切に行っているかどうか（例えば、必要な物品を間違いなく購入しているか）を尋ねています。頻度は、本人の判断に基づき回答して下さい。電話での注文のみで済ませている場合は「いいえ」となります。
3	預貯金の出し入れをしていますか	自ら預貯金の出し入れをしているかどうかを尋ねています。銀行等での窓口手続きも含め、本人の判断により金銭管理を行っている場合に「はい」とします。家族等に依頼して、預貯金の出し入れをしている場合は「いいえ」となります。
4	友人の家を訪ねていますか	友人の家を訪ねているかどうかを尋ねています。電話による交流は含みません。また、家族や親戚の家への訪問は含みません。
5	家族や友人の相談にのっていますか	家族や友人の相談にのっているかどうかを尋ねています。面談せずに電話のみで相談に応じている場合も「はい」とします。
6～10までの質問項目は運動器の機能について尋ねています。		
6	階段を手すりや壁をつたわらずに昇っていますか	階段を手すりや壁をつたわらずに昇っているかどうかを尋ねています。時々、手すり等を使用している程度であれば「はい」とします。手すり等を使わずに階段を昇る能力があっても、習慣的に手すり等を使っている場合には「いいえ」となります。
7	椅子に座った状態から何もつかまらず立ち上がっていますか	椅子に座った状態から何もつかまらずに立ち上がっているかどうかを尋ねています。時々、つかまっている程度であれば「はい」とします。
8	15分位続けて歩いていますか	15分位続けて歩いているかどうかを尋ねています。屋内、屋外等の場所は問いません。
9	この1年間に転んだことがありますか	この1年間に「転倒」の事実があるかどうかを尋ねています。
10	転倒に対する不安は大きいですか	現在、転倒に対する不安が大きいかどうかを、本人の主観に基づき回答して下さい。
11～12までの質問項目は低栄養状態かどうかについて尋ねています。		
11	6ヵ月で2～3Kg以上の体重減少がありましたか	6ヵ月間で2～3Kg以上の体重減少があったかどうかを尋ねています。6ヵ月以上かかって減少している場合は「いいえ」となります。

12	身長、体重	身長、体重は、整数で記載して下さい。体重は1カ月以内の値を、身長は過去の測定値を記載して差し支えありません。
13〜15までの質問項目は口腔機能について尋ねています。		
13	半年前に比べて固いものが食べにくくなりましたか	半年前に比べて固いものが食べにくくなったかどうかを尋ねています。半年以上前から固いものが食べにくく、その状態に変化が生じていない場合は「いいえ」となります。
14	お茶や汁物等でむせることがありますか	お茶や汁物等を飲む時に、むせることがあるかどうかを、本人の主観に基づき回答して下さい。
15	口の渇きが気になりますか	口の中の渇きが気になるかどうかを、本人の主観に基づき回答して下さい。
16〜17までの質問項目は閉じこもりについて尋ねています。		
16	週に1回以上は外出していますか	週によって外出頻度が異なる場合は、過去1ヵ月の状態を平均して下さい。
17	昨年と比べて外出の回数が減っていますか	昨年の外出回数と比べて、今年の外出回数が減少傾向にある場合は「はい」となります。
18〜20までの質問項目は認知症について尋ねています。		
18	周りの人から「いつも同じ事を聞く」などの物忘れがあると言われますか	本人は物忘れがあると思っていても、周りの人から指摘されることがない場合は「いいえ」となります。
19	自分で電話番号を調べて、電話をかけることをしていますか	何らかの方法で、自ら電話番号を調べて、電話をかけているかどうかを尋ねています。誰かに電話番号を尋ねて電話をかける場合や、誰かにダイヤルをしてもらい会話だけする場合には「いいえ」となります。
20	今日が何月何日かわからない時がありますか	今日が何月何日かわからない時があるかどうかを、本人の主観に基づき回答して下さい。月と日の一方しか分からない場合には「はい」となります。
21〜25までに質問項目はうつについて尋ねています。		
21	(ここ2週間)毎日の生活に充実感がない	ここ2週間の状況を、本人の主観に基づき回答して下さい。
22	(ここ2週間)これまで楽しんでやれていたことが楽しめなくなった	
23	(ここ2週間)以前は楽に出来ていたことが今ではおっくうに感じられる	
24	(ここ2週間)自分が役に立つ人間だと思えない	
25	(ここ2週間)わけもなく疲れたような感じがする	

大事をギュッと!

先輩からのアドバイス

「バスや電車で1人で外出していますか？」「日用品の買い物をしていますか？」などは、予防プランの目標例としても活用できます。"外出できるようになる"という目標を設定し、転倒予防のサービスを受ける、などです。

08 介護予防ケアプラン帳票

POINT
要支援者に対する介護予防支援、介護予防・生活支援サービス事業対象者に対する介護予防ケアマネジメントにおいて使用される帳票です。概要をきちんと押さえましょう。

介護予防サービス・支援計画書

❶アセスメントの部分

左から、「アセスメント領域と現在の状況」「本人・家族の意欲・意向」「領域における課題（背景・原因）」までは、主にアセスメントの部分といえます。例えば、まず「現在の状況について教えてください」と「運動・移動」「日常生活」「社会交流」「健康管理」の把握に努め、次に「どのようにお考えですか？」等と意向を確認して、問題と原因を聞いていくという手順が考えられます。基本チェックリスト（29頁参照）の結果、主治医意見書（56、57頁参照）の内容も参照しましょう。

❷計画原案として利用者・家族に示す部分

次に、「総合的課題」「課題に対する目標と具体策の提案」「具体策についての意向」という項目が並びます。ここは計画原案を、提案として利用者・家族に示す部分といえます。例えば、「いろいろお聞かせいただいて、○○と思いました」「○○という目標と具体的なサービスを考えてみました」「いかがでしょうか？」等といった流れになるでしょう。

介護予防サービス・支援計画書

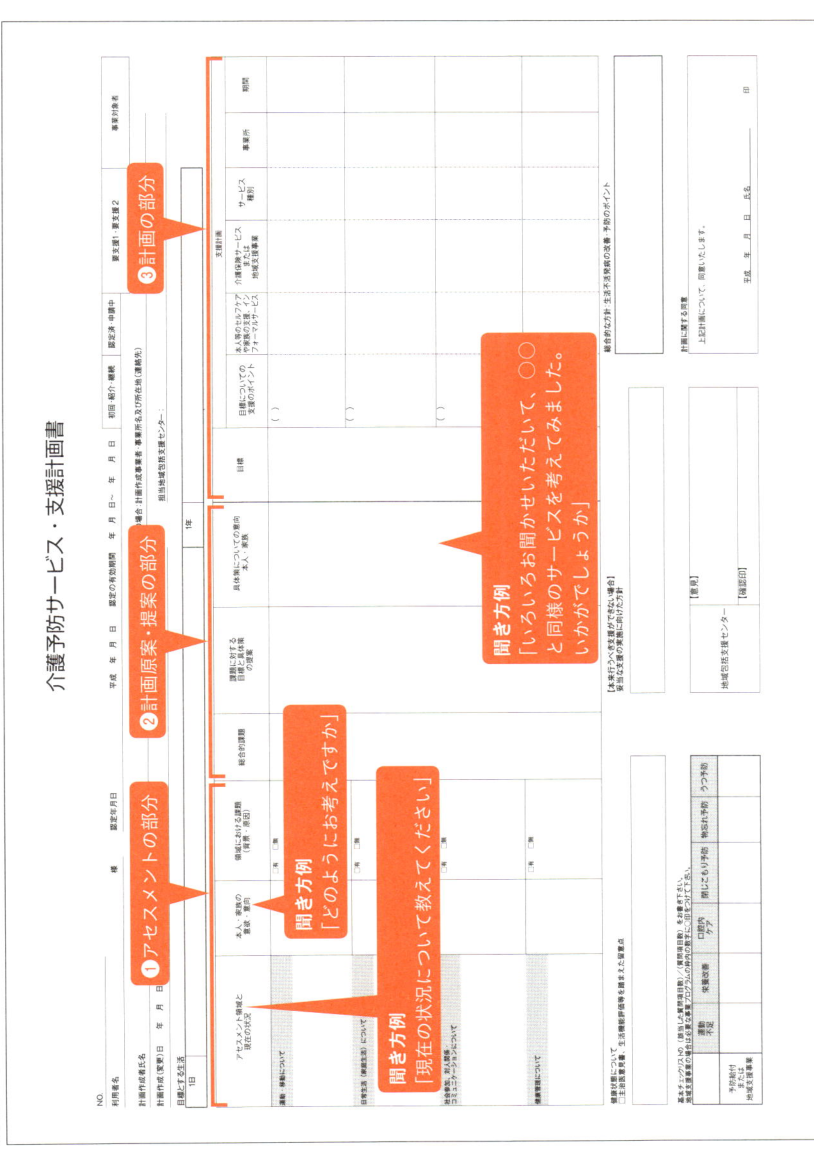

❸計画内容（目標、支援内容、担当者、期間等）

以上のプロセスを踏まえて、目標、支援内容、担当者、期間等を定めていきます。本帳票は、「本人等のセルフケアや家族の支援、インフォーマルサービス」という欄があることが、特徴の一つといえます。

予防支援・介護予防ケアマネジメントサービス評価表

評価表の目的

評価表の目的は、計画表の目標が達成されたか、支援が適切であったかの評価です。目標の期間の終了時、計画の見直しが必要となったとき等に作成します。

目標達成状況・目標達成しない原因・今後の方針

「目標」「評価期間」欄は、計画表から転記します。「目標達成状況」には、目標がどの程度達成できているのかを具体的に記載します。

「目標達成しない原因」には、目標設定の妥当性も含めて、利用者・家族の認識を確認し意見を記載します。計画作成者としての評価も記載します。「今後の方針」は、「目標達成状況」を踏まえて、「今後の方針」について記載します。

総合的な方針・地域包括支援センター意見

「総合的な方針」には、生活全体に対する今後の支援の方針について記載します。地域包括支援センターと意見交換を行った内容を「地域包括支援センター意見」欄に記載して、プラン継続、プラン変更、終了等にチェックをします。

・介護予防サービス・支援計画書は、アセスメントの部分、合意形成を図る部分、計画内容からなっています。
・予防支援・介護予防ケアマネジメントサービス評価表は、目標が達成されたか、支援が適切であったかを、原因とともに評価します。大切な振り返りのプロセスです。

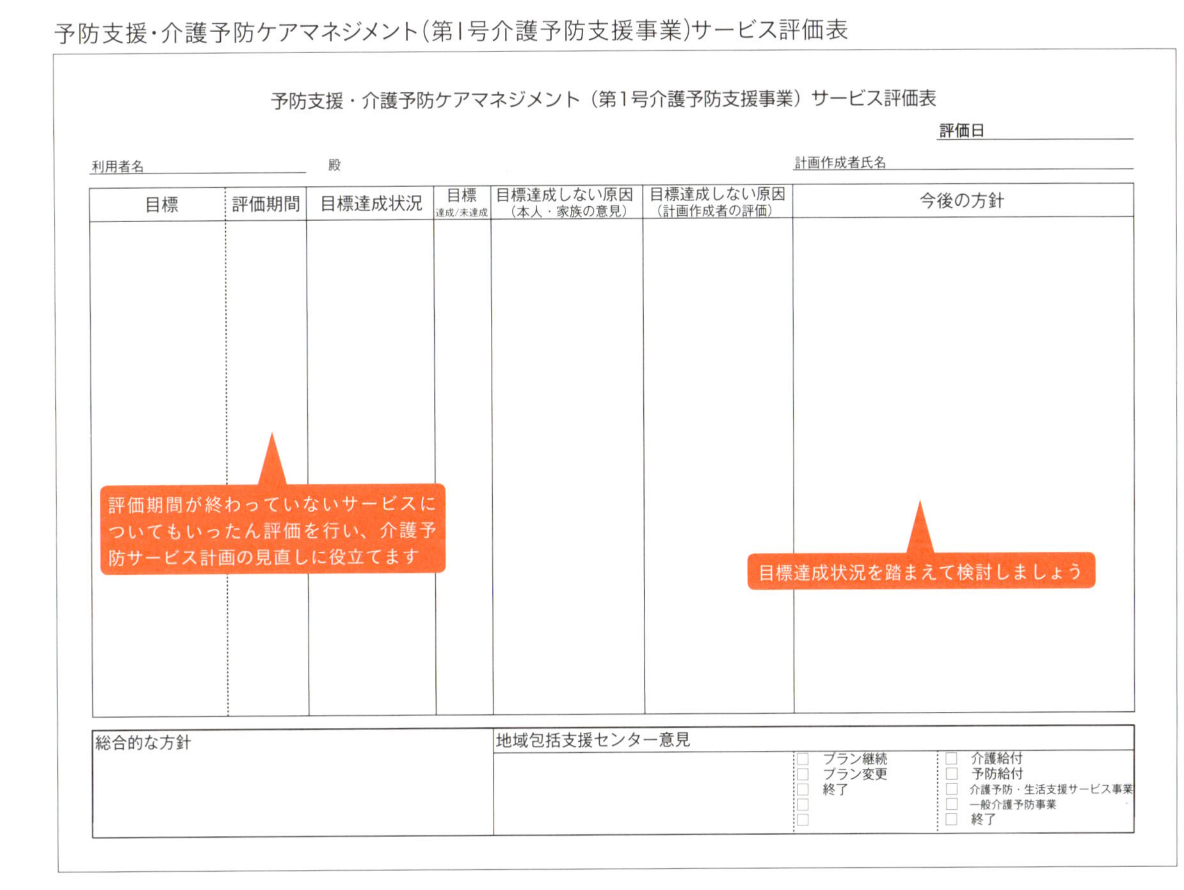

予防支援・介護予防ケアマネジメント(第1号介護予防支援事業)サービス評価表

予防支援・介護予防ケアマネジメント（第1号介護予防支援事業）サービス評価表

評価日

利用者名　　　　殿　　　計画作成者氏名

目標	評価期間	目標達成状況	目標 達成/未達成	目標達成しない原因（本人・家族の意見）	目標達成しない原因（計画作成者の評価）	今後の方針

総合的な方針	地域包括支援センター意見		
		□プラン継続 □プラン変更 □終了 □ □	□介護給付 □予防給付 □介護予防・生活支援サービス事業 □一般介護予防事業 □終了

09 他事業所等との連絡帳票

POINT
他事業所・他職種との連携に関する帳票を2つ紹介します。連携上必要となるポイントを押さえて、適宜アレンジを加えるなど、工夫して活用しましょう。

帳票の目的・使用方法

ケアプランをはじめ、ケアマネジャーから通所介護などのサービス事業者へ交付しなければならない帳票について、交付したこと（サービス事業者が受け取ったこと）を証明するための帳票です。義務ではありませんが、居宅介護支援経過とあわせて記録として残している居宅介護支援事業所もあります。

本帳票は、居宅サービス計画書やサービス担当者会議の要点、照会等の文書をサービス事業者に送るときに「鑑文（かがみぶん）」として使用します。また、ケアマネジャーからの交付とあわせて、サービス事業者から、個別サービス計画書、照会内容について、送付を依頼する際にも活用できます。このように活用すると、運営基準に定められた内容を遵守していることの証拠にもなりえます（下記参照）。

- 介護支援専門員は、居宅サービス計画を作成した際には、当該居宅サービス計画を利用者及び担当者に交付しなければならない。
- 介護支援専門員は、居宅サービス計画に位置付けた指定居宅サービス事業者等に対して、訪問介護計画等指定居宅サービス等基準において位置付けられている計画の提出を求めるものとする。

居宅サービス計画書等の送付及び情報提供依頼(例)

＿＿＿＿＿＿＿＿＿＿御中

平成　　年　　月　　日
○○○○居宅介護支援事業所

居宅サービス計画書等の送付及び情報提供についてのお願い

貴社におかれましては、ますますご清祥のこととお慶び申し上げます。
平素は格別のご厚誼にあずかり、厚く御礼申し上げます。

（　　　　　　　　）様につきまして、下記のものを送付致します。

	居宅サービス計画書（1）（2）（3）
	サービス担当者会議の要点
	サービス担当者に対する照会内容

担当者へ受付したことの証明になります

また、貴事業所で作成しておられる下記の書類のご送付をお願いいたします。

	個別サービス計画書
	サービスの実施状況について
	照会内容の返信

サービス事業者に計画書の提出を求めたことの証明になります

つきましては、受領の確認のために下段の受領日と受領者にご記入の上、
ＦＡＸ（○○○○－○○－○○○○）にてご返信下さい。ご多忙中のところ、
お手数と存じますが、何卒ご協力の程よろしくお願い申し上げます。

受領日　平成　　年　　月　　日

受領者　＿＿＿＿＿＿＿＿＿＿

FAX送信表

右頁に示したのは、FAX送信表の雛型の一例です。現在、職場で使用している帳票に活用できる要素を付加するなど、必要に応じて、内容の見直しを行うとよいでしょう。本帳票では、交付したことの証明と、FAXが確実に届いたことの確認のために、末尾に送信先からの返信欄も設けてあります。

FAXの誤送信について

誤送信をしないように細心の注意を払うのはもちろんですが、人が行うことにミスはつきものです。以下に、誤送信をしてしまった際の対応例を示します。

Q. FAX送信時の注意事項は何でしょうか？

A. FAXを送る際、必ず「登録」をして送るようにします。初めての送信先の場合、①登録、②専用のテスト用紙でテスト送信、③返信確認、の後に送信する手順を踏むようにしましょう（2回目以降は登録ボタンを使って送信）。

Q. FAXを誤送信してしまったときの対応

A. 誤送信がわかった場合には、謝罪したうえで、原則、その事業所まで取りに行きましょう。もし、先方が「こちらで破棄しておきます」と言われても、取りに行くようにしたいものです。

- サービス事業者へ交付しなければならないケアプラン等の帳票について、交付を証明するための帳票です。
- フォーマットを決めておくと省力化を図ることができます。
- サービス事業者に、個別サービス計画書、照会内容について送付を依頼する際にも活用しましょう。

まとめ

FAX送信表（例）

FAX送信表

送信日	平成　　年　　月　　日
送信先	
送信元	
送信枚数	枚（送信表を含みます）

〔通信欄〕

いつも大変お世話になっております。
以下の書類を送付させていただきますので、ご確認ください。
ご不明な点や間違いなどがございましたら、ご多忙中大変恐縮ではありますが、
ご連絡いただきますようお願い申し上げます。

誤送信をしないような仕組みづくりとともに、誤送信してしまった場合の対応もあらかじめ決めておきましょう

※書類が確実に送付されたかどうかの確認をさせていただきたいと思います。
お忙しいなか申し訳ありませんが、下記にご署名のうえ、
FAXにて返信いただきますようお願い申し上げます。

受領日：　　　　受領者：　　　　　　印

10 介護給付費請求書

POINT
居宅介護支援の給付管理や報酬請求は、給付管理票、介護給付費請求書、介護給付費明細書を作成して国保連に提出します。ここでは、介護給付費請求書について紹介します。

給付管理・介護給付の請求について

毎月、月末・月初にかけて、居宅介護支援事業者は、個々の利用者ごとの介護サービス給付額の実績をもとに給付管理票を作成します。給付管理票をまとめた帳票である給付管理総括票には、給付管理票の枚数を記載することになり、月遅れ請求がある場合でも総括票は1枚になります。給付管理票と各サービス事業者が提出した介護給付費請求書の内容が国保連にて突合（とつごう）、審査され、間違いがあった場合には返戻（へんれい）（保留）として通知されます。

また居宅介護支援事業者としても、介護給付の請求を行うため、介護給付費請求書と明細書を作成して、居宅サービス計画費の請求を行います。

以上が、給付管理・介護給付費の請求の流れです。帳票の種類とともに再確認しておきましょう。

帳票の目的・使用方法

本帳票は、給付管理を行った利用者が何人いて、いくら請求するのか等を示す請求書です。「保険請求」と「公費請求」の欄に分かれており、サービス提供月ごとに作成し、介護給付費明細書とともに国保連に提出します。

帳票自体は、サービス提供票の実績と連動しているため、パソコンソフトを使えば簡単に作成することができます。

介護給付費請求書

様式第一（附則第二条関係）

平成		年		月分

介護給付費請求書

事業所番号		
請求事業所	名　称	
	所在地	〒　　　－
	連絡先	

保　険　者

（別　記）殿

下記のとおり請求します。　　　平成　　年　　月　　日

保険請求

区　分	サービス費用						特定入所者介護サービス費等				
	件　数	単位数・点数	費用合計	保険請求額	公費請求額	利用者負担	件数	費用合計	利用者負担	公費請求額	保険請求額
居宅・施設サービス 介護予防サービス 地域密着型サービス等											
居宅介護支援・介護予防支援											
合　計											

給付管理を行った利用者が何人いて、いくら請求するのかを示します

公費請求

	区　分	サービス費用				特定入所者介護サービス費等		
		件　数	単位数・点数	費用合計	公費請求額	件数	費用合計	公費請求額
12	生　保 居宅・施設サービス 介護予防サービス 地域密着型サービス等							
	生　保 居宅介護支援・介護予防支援							
10	感染症　37条の2							
21	障自・通院医療							
15	障自・更生医療							
19	原爆・一般							
51	特定疾患等 治療研究							
81	被爆者助成							
86	被爆体験者							
87	有機ヒ素・緊急措置							
88	水俣病総合対策 メチル水銀							
66	石綿・救済措置							
58	障害者・支援措置（全額免除）							
25	中国残留邦人等							
	合　計							

公費請求について示します

公費請求について

介護保険の給付は原則90%、利用者の自己負担は10%ですが、「公費」が適用される利用者はそのうちの何%かは公費負担となるため、自己負担は10%より少なくなります。ただし、公費の資格証明（受給者証、介護券等）を有する者に適用されるため、利用者が有資格者であるかを確認しなくてはいけません。

あるケアマネジャーは、生活歴を聞いて、終戦の頃に広島や長崎に住んでいたという情報があれば、「被爆者手帳はお持ちですか？」等と確認するそうです。

右記に、公費の一覧を示します。適用優先や資格証明の内容、公費の給付率、介護保険と関連する給付対象等が掲載されており、手元に備えておくと便利です。

公費請求の例（単位数や金額はわかりやすく概数で表記しています）

・結核予防法に該当、通所リハビリテーションを利用した場合

通所リハビリテーション１回1000単位として、介護保険を優先し95%までを公費で負担することから、90%の900単位（9,000円）は介護保険から給付されます。通常は残り10%は利用者負担ですが、結核予防法では95%まで公費負担のため、「95%－90%＝５%」が公費負担、50単位（500円）が自己負担となります。

・原爆被爆者で、短期入所生活介護を利用した場合

短期入所生活介護１泊２日、１回800単位（１泊２日で1600単位）として、介護保険を優先し残りを全額公費負担することから、90%の1440単位（14,400円）は介護保険から給付されます。通常は残り10%は利用者負担ですが、原爆被爆者では100%公費負担であるため、自己負担は０になります。

先輩からのアドバイス

本項で示した計算は、ほとんどソフトが行うと思いますが、ケアマネジャーとして、“なぜこの数字になるのか”の理解は必要です。毎月１、２枚でもよいので手計算をすると内容がわかってくると思います。

保険優先公費の一覧(適用優先度順)

項番	制度	給付対象	法別番号	資格証明等	公費の給付率	負担割合	介護保険と関連する給付対象
1	感染症の予防及び感染症の患者に対する医療に関する法律(平成10年法律第114号)「一般患者に対する医療」	結核に関する治療・検査等省令で定めるもの	10	患者票	95	介護保険を優先し95%までを公費で負担する	医療機関の短期入所療養介護、医療機関の介護予防短期入所療養介護及び介護療養施設サービスにかかる特定診療費並びに介護老人保健施設の短期入所療養介護、介護老人保健施設の介護予防短期入所療養介護及び介護保健施設サービスにかかる特別療養費
2	障害者自立支援法(平成17年法律第123号)「通院医療」	通院による精神障害の医療	21	受給者証	100	介護保険優先利用者本人負担額がある	訪問看護、介護予防訪問看護
3	障害者自立支援法「更生医療」	身体障害者に対する更生医療(ﾘﾊﾋﾞﾘﾃｰｼｮﾝ)	15	受給者証	100	介護保険優先利用者本人負担額がある	訪問看護、介護予防訪問看護、医療機関の訪問リハビリテーション、医療機関の介護予防訪問リハビリテーション、医療機関の通所リハビリテーション、医療機関の介護予防通所リハビリテーション及び介護療養施設サービス
4	原子爆弾被爆者に対する援護に関する法律(平成6年法律第117号)「一般疾病医療費の給付」	健康保険と同様(医療全般)	19	被爆者手帳	100	介護保険優先残りを全額公費(※)	介護老人保健施設サービス含め医療系サービス(介護予防サービスを含む)の全て
5	被爆体験者精神影響等調査研究事業の実施について(平成14年4月1日健発第0401007号)	被爆体験による精神的要因に基づく健康影響に関連する特定の精神疾患又は関連する身体化症状・心身症のみ	86	受給者証	100	介護保険優先残りを全額公費(※)	訪問看護、介護予防訪問看護、訪問リハビリテーション、介護予防訪問リハビリテーション、居宅療養管理指導、介護予防居宅療養管理指導、通所リハビリテーション、介護予防通所リハビリテーション、短期入所療養介護、介護予防短期入所療養介護、介護保健施設サービス及び介護療養施設サービスの医療系サービスの全て
6	特定疾患治療研究事業について(昭和48年4月17日衛発第242号厚生省公衆衛生局長通知)「治療研究に係る医療の給付」	特定の疾患のみ	51	受給者証	100	介護保険優先利用者本人負担額がある(※)	訪問看護、介護予防訪問看護、医療機関の訪問リハビリテーション、医療機関の介護予防訪問リハビリテーション、居宅療養管理指導、介護予防居宅療養管理指導及び介護療養施設サービス

項番	制度	給付対象	法別番号	資格証明等	公費の給付率	負担割合	介護保険と関連する給付対象
7	先天性血液凝固因子障害等治療研究事業について（平成元年7月24日健医発第896号厚生省保健医療局長通知）「治療研究に係る医療の給付」	同上	51	受給者証	100	同上	同上
8	「水俣病総合対策費の国庫補助について」（平成４年４月30日環保業発第227号環境事務次官通知）「療養費及び研究治療費の支給」	水俣病発生地域において過去に通常のレベルを超えるメチル水銀の曝露を受けた可能性のある者における水俣病にもみられる症状に関する医療	88	医療手帳、被害者手帳	100	介護保険優先残りを全額公費（※）	介護老人保健施設サービス含め医療系サービス（介護予防サービスを含む）の全て（ただし、介護老人保健施設サービスにおいては所定疾患施設療養費等に限る）
9	「メチル水銀の健康影響に係る調査研究事業について」（平成17年５月24日環保企発第050524001号環境事務次官通知）「研究治療費の支給」	メチル水銀の曝露に起因するものでないことが明らかなものを除く疾病等の医療	88	医療手帳	100	介護保険優先残りを全額公費（※）	介護老人保健施設サービス含め医療系サービス（介護予防サービスを含む）の全て（ただし、介護老人保健施設サービスにおいては所定疾患施設療養費等に限る）
10	「茨城県神栖町における有機ヒ素化合物による環境汚染及び健康被害に係る緊急措置事業要綱」について（平成15年６月６日環保企発第030606004号環境事務次官通知）「医療費の支給」	茨城県神栖町におけるジフェニルアルシン酸の曝露に起因する疾病等の医療	87	医療手帳	100	介護保険優先残りを全額公費（※）	介護老人保健施設サービス含め医療系サービス（介護予防サービスを含む）の全て（ただし、介護老人保健施設サービスにおいては所定疾患施設療養費等に限る）
11	石綿による健康被害の救済に関する法律（平成18年法律第4号）「指定疾病に係る医療」	指定疾病に係る医療	66	石綿健康被害医療手帳	100	介護保険優先残りを全額公費	介護老人保健施設サービス含め医療系サービス（介護予防サービスを含む）の全て（ただし、介護老人保健施設サービスにおいては所定疾患施設療養費等に限る）

項番	制度	給付対象	法別番号	資格証明等	公費の給付率	負担割合	介護保険と関連する給付対象
12	特別対策（障害者施策）「経過措置」	障害者施策利用者への支援措置	57	受給者証	94	介護保険優先し残りの4%を公費で負担する	訪問介護、介護予防訪問介護、夜間対応型訪問介護
13	特別対策（障害者施策）「全額免除」	障害者施策利用者への支援措置	58	受給者証	100	介護保険優先残りを全額公費	訪問介護、介護予防訪問介護、夜間対応型訪問介護
14	原爆被爆者の訪問介護利用者負担に対する助成事業について（平成12年3月17日健医発第475号厚生省保健医療局長通知）「介護の給付」	低所得者の被爆者に対する訪問介護、介護予防訪問介護	81	被爆者健康手帳	100	介護保険優先残りを全額公費（※）	訪問介護、介護予防訪問介護
15	原爆被爆者の介護保険等利用者負担に対する助成事業について（平成12年3月17日健医発第476号厚生省保健医療局長通知）「介護の給付」	被爆者に対する介護福祉施設サービス等、地域密着型介護老人福祉施設サービス、通所介護、介護予防通所介護、短期入所生活介護、介護予防短期入所生活介護、認知症対応型通所介護、介護予防認知症対応型通所介護、小規模多機能型居宅介護、及び介護予防小規模多機能型居宅介護	81	被爆者健康手帳	100	介護保険優先残りを全額公費（※）	介護福祉施設サービス、地域密着型介護老人福祉施設サービス、通所介護、介護予防通所介護、短期入所生活介護、介護予防短期入所生活介護、認知症対応型通所介護、介護予防認知症対応型通所介護、小規模多機能型居宅介護、及び介護予防小規模多機能型居宅介護
16	中国残留邦人等の円滑な帰国の促進及び永住帰国後の自立の支援に関する法律（平成19年法律第127号）「介護支援給付」	介護保険の給付対象サービス	25	介護券	100	介護保険優先利用者本人負担額がある	介護保険の給付対象と同様
17	生活保護法の「介護扶助」	介護保険の給付対象サービス	12	介護券	100	介護保険優先利用者本人負担額がある	介護保険の給付対象と同様

※　ただし、保険料滞納による介護給付等の額の減額分については公費負担しない。

11 介護保険被保険者証・介護保険負担割合証

POINT
基本的な書類であり、じっくり見直す機会は少ないでしょうが、重要な情報が詰まっています。改めて内容を確認しておきましょう。

介護保険被保険者証

介護保険被保険者証は、介護保険の給付を考えるうえで重要な情報が詰まっており、運営基準でも受給者資格の確認が規定されています。確実に確認するとともに、内容の理解も必須となります。

表面に記載されている内容を順に見ていきます。

❶被保険者番号、住所、氏名、生年月日、交付年月日、保険者番号と名称を記載。
❷要介護状態区分等（要支援１・２，要介護１～５または事業対象者）を記載。
❸市町村が認定を行った年月日（事業対象者は基本チェックリスト実施日）を記載。
❹認定結果等の有効期間を記載。
❺要介護度に応じた１か月分の区分支給限度基準額を記載。
❻サービスの種類ごとに区分支給限度基準額を設ける場合に記載。
❼必要により、介護認定審査会からの意見を記載。サービスの種類の指定が行われたときは、利用できるサービスは、指定されたサービスに限定される。
❽保険料の滞納により、給付制限を受けている場合に記載。
❾居宅サービス計画もしくは介護予防サービス・支援計画の作成を依頼する事業所名などを記載。計画を自分で作成した場合、「自己作成」と記載。
❿施設サービスを利用するとき、介護保険施設などで施設の種類や名称、入退所年月日を記載。

介護保険被保険者証(表面)

(一)

介護保険被保険者証				
被保険者	番号	❶		
	住所			
	フリガナ			
	氏名			
	生年月日	明治・大正・昭和 年 月 日	性別	男・女
交付年月日		平成 年 月 日		
保険者番号並びに保険者の名称及び印				

(二)

要介護状態区分等	❷	
認定年月日(事業対象者の場合は、基本チェックリスト実施日)	❸ 平成 年 月 日	
認定の有効期間	平成 年 月 日～ ❹ 平成 年 月 日	
居宅サービス等	❺ 区分支給限度基準額	
	平成 年 月 日～ 平成 年 月 日 1月当たり	
(うち種類支給限度基準額)	サービスの種類 ❻	種類支給限度基準額
認定審査会の意見及びサービスの種類の指定	❼	

(三)

給付制限 ❽		内容	期間	
			開始年月日	平成 年 月 日
			終了年月日	平成 年 月 日
			開始年月日	平成 年 月 日
			終了年月日	平成 年 月 日
			開始年月日	平成 年 月 日
			終了年月日	平成 年 月 日
居宅介護支援事業者若しくは介護予防支援事業者及びその事業所の名称又は地域包括支援センターの名称 ❾			届出年月日	平成 年 月 日
			届出年月日	平成 年 月 日
			届出年月日	平成 年 月 日
介護保険施設等 ❿	種類		入所等年月日	平成 年 月 日
	名称		退所等年月日	平成 年 月 日
	種類		入所等年月日	平成 年 月 日
	名称		退所等年月日	平成 年 月 日

介護保険負担割合証

要介護認定を受けている人は、利用者負担が“１割”または“２割”と書かれた「介護保険負担割合証」が交付されます。この介護保険負担割合証の交付には、申請の手続きは必要ありません（平成27年８月から、65歳以上で一定以上の所得がある方は、介護サービスを利用する際の自己負担が２割となりました）。

介護サービスを利用するときに、「介護保険被保険者証」と一緒に、負担割合（１割か２割）にかかわらず、「介護保険負担割合証」を提示することになります。ケアマネジャーとしても、はじめに利用者の負担割合について確認しておくことが必要でしょう。

負担割合証は、その後、毎年７月中に、前年の所得に応じて算定して、交付されることになります。適用期間は１年間（８月１日～翌年７月31日）です。

また、第２号被保険者は一律１割負担ですが、介護保険負担割合証は交付されます。

介護保険上の申請書類等は、市町村ホームページからダウンロードできるものが多くあります。どんな書類があり、どこから入手できるのか、まずは確認しましょう。そのうえで、さまざまな状況に対応できるように、よく使う書類はファイリングして、面談時等の持ち物として携帯することも実務上重要です。こうした準備が効率的な仕事につながります。

- 介護保険被保険者証には、種類支給限度基準額、介護認定審査会からの意見、保険料の滞納による給付制限など、押さえておきたい情報が記載されています。
- 介護保険負担割合証をみて、利用者の負担割合をはじめに確認するようにしましょう。

介護保険負担割合証

（表面）

介護保険負担割合証 交付年月日　年　月　日				
被保険者	番号			
	住所			
	フリガナ			
	氏名			
	生年月日	明治・大正・昭和　年　月　日	性別	男・女
利用者負担の割合		適用期間		
割		開始年月日　平成　年　月　日 終了年月日　平成　年　月　日		
割		開始年月日　平成　年　月　日 終了年月日　平成　年　月　日		
保険者番号並びに保険者の名称及び印				

毎年7月中に前年の所得に応じて算定され、交付されます。適用期間は1年間（8/1～翌年の7/31）です

（裏面）

注意事項

一　介護サービス又は介護予防・生活支援サービス事業のサービスを受けようとするときは、必ずこの証を事業者又は施設の窓口に提出してください。

二　介護サービス又は介護予防・生活支援サービス事業のサービスに要した費用のうち、「適用期間」に応じた「利用者負担の割合」欄に記載された割合分の金額をお支払いいただきます。（居宅介護支援サービス及び介護予防支援サービスの利用支払額はありません。）

三　被保険者の資格がなくなったとき又はこの証の適用期間の終了年月日に至ったときには、直ちに、この証を市町村に返してください。また、転出の届出をする際には、この証を添えてください。

四　この証の表面の記載事項に変更があったときは、十四日以内に、この証を添えて、市町村にその旨を届け出てください。

五　不正にこの証を使用した者は、刑法により詐欺罪として懲役の処分を受けます。

六　利用時支払額を三割とする措置（給付額減額）を受けている場合は、この証に記載された利用者負担の割合よりも、当該措置が優先されます。

1　この証の大きさは、縦128ミリメートル、横91ミリメートルとすること。
2　必要があるときは、各欄の配置を著しく変更することなく所要の変更を加えることその他所要の調整を加えることができること。

12 認定調査票（概況調査、基本調査、特記事項）

POINT
要介護認定のための帳票ですが、ケアプランの作成においても活用できるツールです。留意点や使用上の工夫を確認して、しっかり活かしましょう。

帳票の目的

本帳票は、第一義的には要介護認定の基本的な資料です。概況調査、基本調査、特記事項の３つの帳票からなり、基本調査は一次判定、特記事項は二次判定に使用されるものです。ただし、ケアプラン作成のために、利用者や家族の同意を得て市町村窓口に申請すれば、たいていは入手することができます。つまり、ケアプラン作成の資料として活用できるのです。

帳票の使用方法

認定調査票は、あくまで利用者の認定調査時の情報ですが、一読以上の価値があるといえます。課題分析標準項目と重複する項目が多く、特記事項には具体的内容が書かれていることが多いため、アセスメントがより効率的になります。

◎身体機能・起居動作

麻痺や拘縮（こうしゅく）、寝返り、起き上がり、視力・聴力について書かれます。つめ切りなど、アセスメントで漏れがちな項目も挙がっています。特記事項には、各項目の状況が細かく書かれるので、課題分析のシートをまとめる際に役立ちます。

認定調査票（概況調査）

ケアプラン作成のために、本人や家族の同意を得て市町村窓口に申請すれば、たいていは入手することができます

別表第一

調査は、調査対象者が通常の状態（調査可能な状態）であるときに実施して下さい。本人が風邪をひいて高熱を出している等、通常の状態でない場合は再調査を行って下さい。

保険者番号＿＿＿＿ 被保険者番号＿＿＿＿

認定調査票（概況調査）

Ⅰ 調査実施者（記入者）

実施日時	平成 年 月 日	実施場所	自宅内・自宅外（ ）
ふりがな 記入者氏名		所属機関	

Ⅱ 調査対象者

過去の認定	初回・２回め以降 （前回認定 年 月 日）	前回認定結果	非該当・要支援（ ）・要介護（ ）
ふりがな 対象者氏名	性別 男・女	生年月日	明治・大正・昭和 年 月 日（ 歳）
現住所	〒 —	電話	— —
家族等連絡先	〒 — 氏名（ ）調査対象者との関係（ ）	電話	— —

Ⅲ 現在受けているサービスの状況についてチェック及び頻度を記入してください。

在宅利用〔認定調査を行った月のサービス利用回数を記入。（介護予防）福祉用具貸与は調査日時点の、特定（介護予防）福祉用具販売は過去６月の品目数を記載〕

□（介護予防）訪問介護（ホームヘルプサービス）・訪問型サービス	月 回	□（介護予防）福祉用具貸与	品目
□（介護予防）訪問入浴介護	月 回	□特定（介護予防）福祉用具販売	品目
□（介護予防）訪問看護	月 回	□住宅改修	あり・なし
□（介護予防）訪問リハビリテーション	月 回	□夜間対応型訪問介護	月 日
□（介護予防）居宅療養管理指導	月 回	□（介護予防）認知症対応型通所介護	月 日
□（介護予防）通所介護（デイサービス）・通所型サービス	月 回	□（介護予防）小規模多機能型居宅介護	月 日
□（介護予防）通所リハビリテーション（デイケア）	月 回	□（介護予防）認知症対応型共同生活介護	月 日
□（介護予防）短期入所生活介護（ショートステイ）	月 日	□地域密着型特定施設入居者生活介護	月 日
□（介護予防）短期入所療養介護（老健・診療所）	月 日	□地域密着型介護老人福祉施設入所者生活介護	月 日
□（介護予防）特定施設入居者生活介護	月 日	□定期巡回・随時対応型訪問介護看護	月 回
□看護小規模多機能型居宅介護	月 日		

□市町村特別給付〔 〕

□介護保険給付外の在宅サービス〔 〕

施設利用	施設連絡先
□介護老人福祉施設 □介護老人保健施設 □介護療養型医療施設 □認知症対応型共同生活介護適用施設（グループホーム） □特定施設入居者生活介護適用施設（ケアハウス等） □医療機関（医療保険適用療養病床） □医療機関（療養病床以外） □その他の施設	施設名＿＿＿＿ 郵便番号 — 施設住所 電話 — —

Ⅳ 調査対象者の家族状況、調査対象者の居住環境（外出が困難になるなど日常生活に支障となるような環境の有無）、日常的に使用する機器・器械の有無等について特記すべき事項を記入してください。

認定調査票（基本調査）

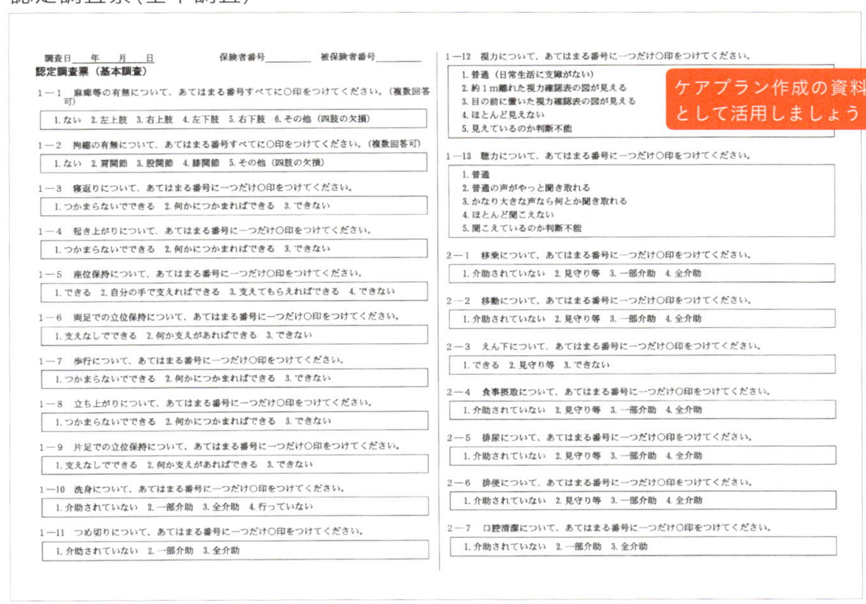

調査日＿＿年＿＿月＿＿日　保険者番号＿＿＿＿　被保険者番号＿＿＿＿

認定調査票（基本調査）

1—1 麻痺等の有無について、あてはまる番号すべてに○印をつけてください。（複数回答可）

1. ない　2. 左上肢　3. 右上肢　4. 左下肢　5. 右下肢　6. その他（四肢の欠損）

1—2 拘縮の有無について、あてはまる番号すべてに○印をつけてください。（複数回答可）

1. ない　2. 肩関節　3. 股関節　4. 膝関節　5. その他（四肢の欠損）

1—3 寝返りについて、あてはまる番号に一つだけ○印をつけてください。

1. つかまらないでできる　2. 何かにつかまればできる　3. できない

1—4 起き上がりについて、あてはまる番号に一つだけ○印をつけてください。

1. つかまらないでできる　2. 何かにつかまればできる　3. できない

1—5 座位保持について、あてはまる番号に一つだけ○印をつけてください。

1. できる　2. 自分の手で支えればできる　3. 支えてもらえればできる　4. できない

1—6 両足での立位保持について、あてはまる番号に一つだけ○印をつけてください。

1. 支えなしでできる　2. 何か支えがあればできる　3. できない

1—7 歩行について、あてはまる番号に一つだけ○印をつけてください。

1. つかまらないでできる　2. 何かにつかまればできる　3. できない

1—8 立ち上がりについて、あてはまる番号に一つだけ○印をつけてください。

1. つかまらないでできる　2. 何かにつかまればできる　3. できない

1—9 片足での立位保持について、あてはまる番号に一つだけ○印をつけてください。

1. 支えなしでできる　2. 何か支えがあればできる　3. できない

1—10 洗身について、あてはまる番号に一つだけ○印をつけてください。

1. 介助されていない　2. 一部介助　3. 全介助　4. 行っていない

1—11 つめ切りについて、あてはまる番号に一つだけ○印をつけてください。

1. 介助されていない　2. 一部介助　3. 全介助

1—12 視力について、あてはまる番号に一つだけ○印をつけてください。

1. 普通（日常生活に支障がない）
2. 約1m離れた視力確認表の図が見える
3. 目の前に置いた視力確認表の図が見える
4. ほとんど見えない
5. 見えているのか判断不能

1—13 聴力について、あてはまる番号に一つだけ○印をつけてください。

1. 普通
2. 普通の声がやっと聞き取れる
3. かなり大きな声なら何とか聞き取れる
4. ほとんど聞こえない
5. 聞こえているのか判断不能

2—1 移乗について、あてはまる番号に一つだけ○印をつけてください。

1. 介助されていない　2. 見守り等　3. 一部介助　4. 全介助

2—2 移動について、あてはまる番号に一つだけ○印をつけてください。

1. 介助されていない　2. 見守り等　3. 一部介助　4. 全介助

2—3 えん下について、あてはまる番号に一つだけ○印をつけてください。

1. できる　2. 見守り等　3. できない

2—4 食事摂取について、あてはまる番号に一つだけ○印をつけてください。

1. 介助されていない　2. 見守り等　3. 一部介助　4. 全介助

2—5 排尿について、あてはまる番号に一つだけ○印をつけてください。

1. 介助されていない　2. 見守り等　3. 一部介助　4. 全介助

2—6 排便について、あてはまる番号に一つだけ○印をつけてください。

1. 介助されていない　2. 見守り等　3. 一部介助　4. 全介助

2—7 口腔清潔について、あてはまる番号に一つだけ○印をつけてください。

1. 介助されていない　2. 一部介助　3. 全介助

ケアプラン作成の資料として活用しましょう

◎生活機能

移動や移乗のほかに、食事や排泄、整容、衣類の着脱について書かれます。活動量を考えるうえで重要な「外出頻度」についても記されています。

◎認知機能

主に認知症の中核症状について書かれます。記憶や、時間・場所の見当識、意思疎通についても記載されます。「精神・行動障害」のベースとなる障害内容になるので、長谷川式認知症スケールの結果とともに把握しておきましょう。

◎精神・行動障害

被害的、昼夜逆転、介護への抵抗など、認知症で困っている家族なら最初に話題となる分野が書かれます。特記事項に介護の手間について詳しく書かれますので、家族の負担を考えるうえでも貴重な資料です。

◎社会生活への適応

薬や金銭の管理、買い物や調理について書かれます。内服や買い物、調理という項目があるので、特に独居の人について必要なアセスメント項目となります。

認定調査票を見なければいけないという義務感ではなく、読み込めばアセスメントが効果的になると考えて活用しましょう。

帳票の留意点や使用上の工夫

特記事項の具体的な記載内容は、アセスメントを行う際にもとても役立ちます。例えば、起き上がりが「一部介助」というアセスメント結果だったとしても、「どんな一部介助を行えばよいか」はわかりません。そんなとき、特記事項を読むと詳しく書いてあることも多いので参考にしましょう。

ただし、１点注意事項があります。それは認定調査を行った日付です。取り寄せた認定調査票が半年前や１年前のものだった場合、当時と現在の比較であれば問題ありませんが、当時の情報を現在の状態として把握しないように、必ず日付を確認して参照するか判断しましょう。これは情報を扱う際の基本となる内容です。

認定調査票(特記事項)

調査日＿年＿月＿日　　保険者番号＿＿＿＿　被保険者番号＿＿＿＿

認定調査票（特記事項）

1　身体機能・起居動作に関連する項目についての特記事項

1―1　麻痺等の有無，1―2　拘縮の有無，1―3　寝返り，1―4　起き上がり，1―5　座位保持，1―6　両足での立位，1―7　歩行，1―8　立ち上がり，1―9　片足での立位，1―10　洗身，1―11　つめ切り，1―12　視力，1―13　聴力

（　）
（　）
（　）
（　）

2　生活機能に関連する項目についての特記事項

2―1　移乗，2―2　移動，2―3　えん下，2―4　食事摂取，2―5　排尿，2―6　排便，2―7　口腔清潔，2―8　洗顔，2―9　整髪，2―10　上衣の着脱，2―11　ズボン等の着脱，2―12　外出頻度

（　）
（　）
（　）
（　）

3　認知機能に関連する項目についての特記事項

3―1　意思の伝達，3―2　毎日の日課を理解，3―3　生年月日を言う，3―4　短期記憶，3―5　自分の名前を言う，3―6　今の季節を理解，3―7　場所の理解，3―8　徘徊，3―9　外出して戻れない

（　）
（　）
（　）
（　）

4　精神・行動障害に関連する項目についての特記事項

4―1　被害的，4―2　作話，4―3　感情が不安定，4―4　昼夜逆転，4―5　同じ話をする，4―6　大声を出す，4―7　介護に抵抗，4―8　落ち着きなし，4―9　一人で出たがる，4―10　収集癖，4―11　物や衣類を壊す，4―12　ひどい物忘れ，4―13　独り言・独り笑い，4―14　自分勝手に行動する，4―15　話がまとまらない

（　）
（　）
（　）
（　）

5　社会生活への適応に関連する項目についての特記事項

5―1　薬の内服，5―2　金銭の管理，5―3　日常の意思決定，5―4　集団への不適応，5―5　買い物，5―6　簡単な調理

（　）
（　）
（　）
（　）

6　特別な医療についての特記事項

6　特別な医療

（　）
（　）
（　）
（　）

7　日常生活自立度に関連する項目についての特記事項

7―1　障害高齢者の日常生活自立度（寝たきり度），7―2　認知症高齢者の日常生活自立度

（　）
（　）
（　）
（　）

※　本用紙に収まらない場合は、適宜用紙を追加して下さい

特記事項の具体的な記載内容は、アセスメントを行う際にもとても役立ちます

新規、更新、区分変更の際に行う認定調査は、定期的に行うものといえます。そのため、前々回、前回、今回等と内容を比較すると利用者の状態変化の推移がわかります。これは、ADLなどが加齢等に伴い徐々に低下することを踏まえる必要はありますが、ケアマネジメントで提供したサービスの結果、実績ともいえます。

まとめ

- 認定調査票の情報は、特記事項も含めてケアプランの作成に活用できます。
- 古い情報を現在の状態と把握しないよう、認定調査を行った日付はきちんと確認しましょう。

13 主治医意見書

POINT
認定調査票と同様、主治医意見書は要介護認定のための帳票ですが、ケアプラン作成に活用できる多くの情報が収載されています。

帳票の目的・使用方法

本帳票も前項と同様、第一義的には要介護認定の基本的な資料です。一次判定、二次判定において使用されます。ただし、前項と同様、ケアプランの作成のために、本人や家族の同意を得て市町村窓口に申請すれば、たいていは入手できます。つまり、ケアプラン作成の資料として活用できるということです。

ケアマネジャーは、通所介護等の認知症加算の算定のために本帳票を入手することがあると思います。その際、「3．心身の状態に関する意見　(1) 日常生活の自立度等について」欄だけを確認するのではなく、有効に活用しましょう。

◎傷病に関する意見

まず「(1) 診断名」があります。この欄は、「特定疾病または生活機能低下の直接の原因となっている傷病名」とありますが、特に後半の「生活機能低下の直接の原因」が重要です。生活機能低下は言い換えれば「要介護状態」といえるので、要介護状態の原因となっている病気について知ることができるのです。

例えば、歩行困難の原因は、脳梗塞の後遺症や、パーキンソン病、リウマチ、変形性膝関節症などさまざまでしょう。原因疾患が異なれば、必要なケアの内容も異なりますので、原因疾患の把握は必須事項といえます。

同じ項目の (3) では、その病気に対する治療内容が書かれますので、ケアプランに健康管理の視点を加えるうえで有用な情報になります。

◎心身の状態に関する意見

まず、（1）の自立度は、認定調査票や看護サマリー等でもたびたび登場するため、詳しく把握しておきましょう。（2）～（4）は認知症の症状について書かれます。課題分析標準項目の内容とも共通するので、重要な資料となります。（5）では身体の状態が書かれます。麻痺の程度や筋力、拘縮（こうしゅく）等についてケアマネジャーは判断できないため、医療職からの情報が重要となります。

◎生活機能とサービスに関する意見

課題分析標準項目の内容とも共通します。「（2）栄養・食生活」では留意点が書かれますので、必ず確認しましょう。「（3）現在あるかまたは今後発生の可能性の高い状態とその対処方針」は、想定されるリスクと医学的な見地から見た対策が書かれます。「（5）医学的管理の必要性」もサービスを組むうえで参考になりますし、「（6）サービス提供時における医学的観点からの留意事項」では、血圧や摂食、嚥下、移動、運動について書かれるので、ケアプランのサービス内容に活かせます。ぜひ、お手元の主治医意見書を見直して、活用してみてください。

帳票の留意点や使用上の工夫

注意したいのは、主治医意見書が記載された日付についてです。半年前や1年前の情報をその当時のものとして、現在と比較して使用するのは問題ありませんが、半年前の情報を現在の状態と置き換えて把握することのないよう、必ず日付を確認してから参照しましょう。

まとめ

- 主治医意見書は、主に健康管理の視点をケアプランに反映することに活用できます。
- 古い情報を現在の状態と置き換えて把握しないよう、主治医意見書が記載された日付を確認して活用しましょう。

主治医意見書

主治医意見書　　　　記入日　平成　　年　　月　　日

申請者	（ふりがな） 明・大・昭　　年　　月　　日生（　　歳）	男・女	〒　　　ー 連絡先　　（　）

上記の申請者に関する意見は以下の通りです。
主治医として、本意見書が介護サービス計画作成等に利用されることに □同意する。 □同意しない。
医師氏名
医療機関名　　　　　　　　電話　　（　）
医療機関所在地　　　　　　FAX　　（　）

(1) 最終診察日	平成　　年　　月　　日
(2) 意見書作成回数	□初回　□2回目以上
(3) 他科受診の有無	□有　□無 （有の場合）→□内科　□精神科　□外科　□整形外科　□脳神経外科 □皮膚科　□泌尿器科　□婦人科　□眼科　□耳鼻咽喉科 □リハビリテーション科　□歯科　□その他（　　　　）

1．傷病に関する意見

(1) 診断名（特定疾病または生活機能低下の直接の原因となっている傷病名については1．に記入）及び発症年月日
1.　　　　　　発症年月日　（昭和・平成　　年　　月　　日頃）
2.　　　　　　発症年月日　（昭和・平成
3.　　　　　　発症年月日　（昭和・平成

要介護状態の原因となっている病気がわかります

(2) 症状としての安定性　　□安定　□不安定　□不明
（「不安定」とした場合、具体的な状況を記入）

(3) 生活機能低下の直接の原因となっている傷病または特定疾病の経過及び投薬内容を含む治療内容
〔最近（概ね6か月以内）介護に影響のあったもの及び特定疾病についてはその診断の根拠等について記入〕

2．特別な医療（過去14日間以内に受けた医療のすべてにチェック）

処置内容　□点滴の管理　□中心静脈栄養　□透析　□ストーマの処置　□酸素療法
　□レスピレーター　□気管切開の処置　□疼痛の看護　□経管栄養
特別な対応　□モニター測定（血圧、心拍、酸素飽和度等）　□褥瘡の処置
失禁への対応　□カテーテル（コンドームカテーテル、留置カテーテル　等）

3．心身の状態に関する意見

(1) 日常生活の自立度等について
・障害高齢者の日常生活自立度（寝たきり度）　□自立　□J1　□J2　□A1　□A2　□B1　□B2　□C1　□C2
・認知症高齢者の日常生活自立度　□自立　□Ⅰ　□Ⅱa　□Ⅱb　□Ⅲa　□Ⅲb　□Ⅳ　□M

(2) 認知症の中核症状（認知症以外の疾患で同様の症状を認める場合を含む）
・短期記憶　□問題なし　□問題あり
・日常の意思決定を行うための認知能力　□自立　□いくらか困難　□見守りが必要　□判断できない
・自分の意思の伝達能力　□伝えられる　□いくらか困難　□具体的要求に限られる　□伝えられない

(3) 認知症の周辺症状（該当する項目全てチェック：認知症以外の疾患で同様の症状を認める場合を含む）
□無　□有 →｛□幻視・幻聴　□妄想　□昼夜逆転　□暴言　□暴行　□介護への抵抗　□徘徊
　□火の不始末　□不潔行為　□異食行動　□性的問題行動　□その他（　　）

(4) その他の精神・神経症状
□無　□有　〔症状名：　　　　専門医受診の有無　□有（　　）　□無〕

(5) 身体の状態
利き腕（□右 □左） 身長＝□cm 体重＝□kg（過去６か月の体重の変化 □増加 □維持 □減少）

□四肢欠損　（部位：＿＿＿＿＿＿＿＿）
□麻痺　□右上肢（程度：□軽 □中 □重） □左上肢（程度：□軽 □中 □重）
□右下肢（程度：□軽 □中 □重） □左下肢（程度：□軽 □中 □重）
□その他（部位：　程度：□軽 □中 □重）
□筋力の低下　（部位：＿＿＿＿程度：□軽 □中 □重）
□関節の拘縮　（部位：＿＿＿＿程度：□軽 □中 □重）
□関節の痛み　（部位：＿＿＿＿程度：□軽 □中 □重）
□失調・不随意運動　・上肢 □右 □左 ・下肢 □右 □左 ・体幹 □右 □左
□褥瘡　（部位：＿＿＿＿程度：□軽 □中 □重）
□その他の皮膚疾患　（部位：＿＿＿＿程度：□軽 □中 □重）

4．生活機能とサービスに関する意見

(1) 移動
屋外歩行　□自立　□介助があればしている　□していない
車いすの使用　□用いていない　□主に自分で操作している　□主に他人が操作している
歩行補助具・装具の使用（複数選択可）　□用いていない　□屋外で使用　□屋内で使用

(2) 栄養・食生活
食事行為　□自立ないし何とか自分で食べられる　□全面介助
現在の栄養状態　□良好　□不良
→ 栄養・食生活上の留意点（

留意点・対処方針は必須の確認項目！具体的なケアプランの内容として活かすことができます

(3) 現在あるかまたは今後発生の可能性の高い状態とその対処方針
□尿失禁 □転倒・骨折 □移動能力の低下 □褥瘡 □心肺機能の低下 □閉じこもり
□意欲低下 □徘徊 □低栄養 □摂食・嚥下機能低下 □脱水 □易感染性
□がん等による疼痛 □その他（　）
→ 対処方針（　）

(4) サービス利用による生活機能の維持・改善の見通し
□期待できる　□期待できない　□不明

(5) 医学的管理の必要性（特に必要性の高いものには下線を引いて下さい。予防給付により提供されるサービスを含みます。）
□訪問診療 □訪問看護 □看護職員の訪問による相談・支援 □訪問歯科診療 □訪問薬剤管理指導
□訪問リハビリテーション □短期入所療養介護 □訪問歯科衛生指導 □訪問栄養食事指導
□通所リハビリテーション □その他の医療系サービス（　）

(6) サービス提供時における医学的観点からの留意事項
・血圧 □特になし □あり（　）　・移動 □特になし □あり（　）
・摂食 □特になし □あり（　）　・運動 □特になし □あり（　）
・嚥下 □特になし □あり（　）　・その他（　）

(7) 感染症の有無（有の場合は具体的に記入して下さい）
□無　□有（　）　□不明

5．特記すべき事項
要介護認定及び介護サービス計画作成時に必要な医学的なご意見等を記載して下さい。なお、専門医等に別途意見を求めた場合はその内容、結果も記載して下さい。（情報提供書や身体障害者申請診断書の写し等を添付して頂いても結構です。）

14 サービス提供事業者への連絡票

POINT
他事業所との連携に関する情報提供を行うための参考帳票です。適宜アレンジを加えるなど、工夫して活用しましょう。

帳票の目的

本帳票は、ケアマネジャーから居宅サービス事業者等にサービス提供を打診する際の情報提供として使用します。法定の書式はありませんので、居宅介護支援事業所ごとに作成していたり、居宅サービス事業者が様式を用意していることもあります。さらには、市町村やケアマネジャー連絡会として共通の書式を作成している場合もあります。

帳票の使用方法

ケアマネジャーがサービス提供を打診する際に送る帳票のため、まずは大まかな基本情報とアセスメント情報、提供を検討しているサービス内容について記載し、FAX等で送るようにします。

その結果、居宅サービス事業者等から、サービス提供の可否やサービス内容について意見をもらい、ケアプラン原案の作成、サービス担当者会議へと進んでいくことになります。

主に、利用者の氏名や年齢、住所、主介護者等の氏名、連絡先。そして、介護保険をはじめとした保険情報、提供を検討しているサービスの内容。また、主治医や疾患等の医療情報、ADL、IADL、認知症などの情報が記載されます。

居宅介護サービス提供依頼書①(例)

【居宅介護サービス提供(新規・変更)依頼書】 【様式①】

依頼日:　　年　　月　　日

次のとおり,利用者の方から利用希望がありましたので,サービスの提供についてよろしくお願いいたします。

利用者	ふりがな		性別	□男 ・ □女
	氏　名		生年月日	□明・□大・□昭　年　月　日(　)歳
	住　所	〒	電話	(　　)
連絡先	主介護者	〒　住所 氏名　続柄(　　)	電話	自宅: その他(携帯等):
	その他連絡先等	氏名　続柄(　　)	電話	自宅: その他(携帯等):
	その他連絡先等	氏名　続柄(　　)	電話	自宅: その他(携帯等):

基本的な情報を記入します

保険情報	被保険者番号		保険者番号	
	要介護認定	要支援 1・2 要介護(1 2 3 4 5)	申請中(申請日:平成　年　月　日)	
	認定日	平成　年　月　日	有効期間	平成　年　月　日～平成　年　月　日
その他	生活保護	有　無	身障手帳	無　有(　種　級) 障害状況(　　)
	減　免	有　無	(減免制度名:　　)	

サービス	希望曜日	希望時間	希望種別	利用目的
訪問介護		:　～　:	身体　生活	
		:　～　:	身体　生活	
		:　～　:	身体　生活	
訪問入浴		:　～　:		
訪問看護		:　～　:	医療処置・リハビリ・保清・指導　その他(　　)	
通所介護		:　～　:	入浴　社会交流　外出の機会　日常動作訓練　認知症予防　リハビリ　医療処置	
通所リハ		:　～　:	その他(　　)	
		:　～　:		

提供を検討しているサービスについて記入します

サービス	種別	入所希望日	退所希望日	送迎希望	利用目的
短期入所	生活・療養	／　～	／	迎・送	
	生活・療養	／　～	／	迎・送	

居宅介護支援事業所	事業所名		事業所番号	
	住　所			
	電　話	(　　)	FAX	(　　)
	担当ケアマネジャー		メールアドレス	

帳票の留意点や使用上の工夫

まず、居宅サービス事業者側が一読してわかりやすいような記載を心がけましょう。そのためには、普段から要点を押さえて簡潔に記載するトレーニングが必要です。例えば、こうした書類を作ったときには、必ず同僚に読んでもらうことを事業所内でルール化して行うなどは有効でしょう。

また、FAX等で帳票を送るだけでなく、あわせて電話連絡も行うことで、情報がより伝わりやすくなりますし、その際に相談もできるでしょう。さらには、帳票を作成する前段階で、一度電話をして相談することも有効です。居宅サービス事業者等と相談してケアプランを作ることで、より効果的なケアプランとなるでしょう。

アセスメント、課題整理総括表との連動

帳票の作成については、例えば、課題分析等の帳票データと連動できれば効率的です。内容が重複するため、そのまま記載できる項目がほとんどでしょうから、エクセル等で連動する工夫ができると、アセスメントと同時に本帳票もほとんど出来上がる、ということになります。

さらには、103頁で紹介する課題整理総括表を様式2の代わりに使用することも考えられます。本帳票より、一歩踏み込んだ情報として、予後予測に基づいた目標案なども示されることから、ケアマネジャーが考えるサービスの位置づけがより明確に伝わります。

まとめ

・居宅サービス事業者等が状況を把握しやすいように要点をまとめて記入するようにしましょう。
・電話連絡をあわせて行うと、事前・事後の相談もできて一石二鳥です。

居宅介護サービス提供依頼書②(例)

【サービス利用者状況】 【様式②】

利用者氏名	

記入日: 年 月 日

家族構成図		＊住環境・社会的背景 キーパーソン:(続柄) 主介護者:(続柄)	
		世帯状況	一人暮らし・高齢者世帯・日中独居・その他( )

利用者の状況						
医療情報	主疾患		既往歴			
	感染症	無 ・有( )				
	医療機関		担当医師		電話	( )
	医療機関		担当医師		電話	( )
	特別な医療等	点滴の管理 中心静脈栄養 透析 ストーマの処置 酸素療法 レスピレーター 気管切開の処置 疼痛の看護 経管栄養 モニター測定(血圧、心拍、酸素飽和濃度) 褥瘡の処置 カテーテル(コンドームカテーテル、留置カテーテル等) インシュリン自己注射				
	【特記事項】内服薬等					
寝たきり度		自立 J1 J2 A1 A2 B1 B2 C1 C2				
認知症自立度		自立 Ⅰ Ⅱa Ⅱb Ⅲa Ⅲb Ⅳ M				
ADL状況	会話		良 ・あいまい ・不良			
	移動		自立 ・見守り ・一部自立 ・全介助			
	方法	屋内	独歩 ・杖 ・歩行器 ・車椅子 ・その他			
		屋外	独歩 ・杖 ・歩行器 ・車椅子 ・その他			
	食事		自立 ・見守り ・一部自立 ・全介助			
	形態	主食	常食 ・おにぎり ・粥食 ・ミキサー食			
		副食	常食 ・刻み食 ・ミキサー食 トロミ付き			
	清潔		自立 ・見守り ・一部自立 ・全介助			
	排泄		自立 ・見守り ・一部自立 ・全介助			
	方法	日中	トイレ・Pトイレ・オムツ・尿器・カテーテル等			
		夜間	トイレ・Pトイレ・オムツ・尿器・カテーテル等			
	更衣		自立 ・見守り ・一部自立 ・全介助			
【特記事項】認知症の周辺症状・経済的側面など留意する点						

居宅介護支援事業所		担当ケアマネジャー	

生活状況、医療情報、ADL等の状況について記入します

15 苦情に関する記録・事故報告書

POINT
日常業務での使用頻度は少ない帳票ですが、苦情や事故への対応は事業所の質を向上させるポイントになります。

帳票の目的

苦情や事故があった際に書く帳票です。目的は２つあり、１つ目は苦情や事故の状況や対応が第三者にもわかるようにすること（事実の報告）、２つ目は苦情や事故の原因から再発防止策を検討することです（再発防止）。

シンプルですが、これらを理解しておくと、帳票の中身も理解できますし、記載も効率的・効果的なものになります。

帳票の使用方法

いうまでもありませんが、本項で紹介する帳票は苦情や事故が起きた際に記載します。運営基準には、苦情処理や事故発生時の対応とともに、これらの記録について規定されています。

苦情の記録について法定の様式はありませんので、それぞれの事業所等で用意したものを使います。概ね、以下のような要素を含んだ内容が多いようです。

- 対応日時、対応職員
- 利用者氏名
- 苦情内容
- 苦情への対応
- 再発防止策
- 検討課題

苦情・相談対応 利用者・家族への説明記録(例)

苦情・相談対応　利用者・家族への説明記録

対応日：平成○年○月○日	対応者：
時　間：	場　所：
相談者：	
内　容	
対応した内容等	
今後の対応、再発防止策	
利用者や家族への説明等について	
保険課・国保連への連絡　→（要　不要）	

事実か第三者にもわかるか、再発防止策が有効かが、本帳票を活用するうえでのポイントです

事業所に保管するとともに、必要に応じて、利用者・家族への説明の際に使用、行政に提出、国保連に提出などの使用法があります。

帳票の留意点や使用上の工夫

苦情、事故のいずれにしても、第一の目的は「再発防止」です。そして、その検討や説明をとおして、利用者・家族をはじめとする関係者の信頼を取り戻すことができるのでしょう。

苦情や事故自体が、利用者・家族をはじめ、事業所にとってもダメージであることは間違いありませんが、同時に、苦情や事故の後の対応が信頼回復には不可欠であることを再認識しておきましょう。

また、苦情や事故にかかわった当事者だけでなく、事業所の全員が内容を把握し、再発防止に努め、信頼回復に向けて努力することが大切になります。

定期的な振り返りで質の向上を図る

繰り返しになりますが、苦情・事故のいずれにしても、第一の目的は「再発防止」です。半年、1年など、ある程度の期間で区切って、内容の振り返りをすることも重要です。管理者はこうしたことも念頭に置きましょう。

まとめ

- 苦情、事故対応の目的は「事実の報告」「再発防止」です。
- 苦情・事故への対応時、利用者・家族をはじめとする関係者の信頼を取り戻す際に、本項で紹介した帳票を活用しましょう。
- 事業所に保管するとともに、利用者・家族への説明の際に使用したり、行政に提出したりします。

介護保険事業者事故報告書(例)

行政の担当者が見ても内容が把握できるようにわかりやすく記入しましょう

別記様式(第5条関係)

介護保険事業者事故報告書

年　月　日

事業者名称及び代表者氏名

印

当事業所(施設)において、次のような事故が発生したので報告します。

1 事業所	事業所(施設)名及び所在地	事業所(施設)名 所在地 電話番号
	サービス種類	
	管理者氏名	
2 事故対象者(利用者又は入所者)	氏名等	氏名　(男・女)　年　月　日生(　歳) 住所 被保険者番号(　)　要介護度(　) 電話番号
	家族等の状況	
居宅介護支援事業所名		
3 事故の概要	①発生日時	平成　年　月　日(　曜日)　時　分
	②発生場所	
	③種別 (該当するものに○をする)	利用者の死亡、利用者のけが、食中毒、感染症、結核、職員の法令違反、不祥事、その他(　)
	④内容 (経緯、発生状況、事故対象者の状況、原因等を記載)	
4 事故時の対応	発生時の対応 (応急処置、家族等への連絡状況、医療機関への搬送状況等を記載)	家族への連絡(有・無)　居宅介護支援事業者への連絡(有・無)　市町村への報告(有・無)
5 事故後の対応	①搬送後又は治療後の利用者の状況 (病状、入院の有無等)	
	②家族への対応 (報告・説明)	
	③損害賠償等の状況 (損害保険利用の有無)	
6 再発防止策		

※　事故について、詳細な記録(介護、看護記録等)や図がある場合は、併せて添付してください。

※　記入欄が不足する場合は、適宜項目を拡張するか、別に記載してください。

加算関連など
ケアマネ業務で
作成・確認する書類

2

CONTENTS

01 特定事業所加算関連

POINT
専門性の高い人材を確保し、質の高いケアマネジメント体制の整備を評価する特定事業所加算を証明する帳票です。算定要件とあわせて理解しましょう。

特定事業所加算における基準の遵守状況に関する記録

特定事業所加算とは、質の高いケアマネジメントが可能な体制を整えている事業所を評価するものです。中重度者や支援困難ケースへ積極的な対応を行っている、専門性の高い人材を確保し質の高いケアマネジメントを実施している、などについて評価します。

主任介護支援専門員の人数や、利用者総数のなかの要介護3 ～ 5の割合等によって、加算（Ⅰ）～（Ⅲ）に分かれています。算定要件は表のとおりです。

表　特定事業所加算の種類による算定要件

		特定事業所加算		
		（Ⅰ）	（Ⅱ）	（Ⅲ）
❶	常勤専従の主任介護支援専門員を○名配置	2名以上	1名	1名
❷	常勤専従の介護支援専門員を○名以上配置	3名	3名	2名
❸	利用者の情報やサービス提供上の留意事項などの伝達等を目的とした会議を定期的に開催	○	○	○
❹	24時間連絡体制の確保かつ利用者等の相談対応体制の確立	○	○	○
❺	利用者総数のうち、要介護3～5の割合が40％以上	○		
❻	介護支援専門員に対し計画的に研修を実施	○	○	○
❼	地域包括支援センターから紹介された支援困難事例にも居宅介護支援を提供	○	○	○
❽	地域包括支援センター等主催の事例検討会等へ参加	○		
❾	運営基準減算又は特定事業所集中減算の適用を受けていない	○	○	○
❿	介護支援専門員1人あたりの利用者の数が40名未満	○	○	○
⓫	介護支援専門員実務研修等に協力又は協力体制を確保していること（平成28年度～適用）	○	○	○

○が適合しなければならない内容

特定事業所加算に係る基準の遵守状況に関する記録①

居宅介護支援における特定事業所加算に係る基準の遵守状況に関する記録(保存用)

書式は各都道府県が作成していることが多く、ホームページからダウンロードできる場合がほとんどです

平成　　年　　月サービス提供分

区　分	1 新規　2 継続　3 廃止

1 主任介護支援専門員の状況　イ(1)・ロ(2)・ハ(2)関係　【加算Ⅰ・Ⅱ・Ⅲ】

①主任介護支援専門員氏名	
①主任介護支援専門員研修修了年月日	平成　年　月　日
②主任介護支援専門員氏名	
②主任介護支援専門員研修修了年月日	平成　年　月　日

← 加算Ⅰの場合のみ2名必要

加算Ⅱ・Ⅲの場合、2人目は記入不要

2 介護支援専門員の状況　イ(2)・ハ(3)関係　【加算Ⅰ・Ⅱ・Ⅲ】

介護支援専門員数	人	内訳	常勤	専従　人	非常勤	専従　人
				兼務　人		兼務　人

※主任介護支援専門員を含めない。

「従業者の勤務の体制及び勤務形態一覧表」及び介護支援専門員の名簿(介護支援専門員の登録番号を記載したもの)を添付すること。

3 イ(3)関係　【加算Ⅰ・Ⅱ・Ⅲ】

利用者に関する情報又はサービス提供に当たっての留意事項に係る伝達等を目的とした会議をおおむね週1回以上開催している。	有　・　無
開催年月日	

※「有」の場合には、開催記録を添付すること。記録は2年間保存しなければならない。

議題については、「指定居宅サービスに要する費用の額の算定に関する基準及び指定居宅介護支援に要する費用の額の算定に関する基準の制定に伴う実施上の留意事項について」(平成12年3月1日老企第36号)第三の11(3)③に沿った議事を含めること。

4 イ(4)関係　【加算Ⅰ・Ⅱ・Ⅲ】

24時間常時連絡できる体制を確保し、かつ、必要に応じて利用者等の相談に対応する体制を確保している。	有　・　無
具体的な方法	

※「有」の場合には、具体的な体制を示した書類の添付でも可とする。

算定要件を満たしているかどうかを表す書式が、「特定事業所加算における基準の遵守状況に関する記録」で、毎月記録をして保管しておく必要があります。

概ね週1回の会議の記録

特定事業所加算の算定要件に、「利用者の情報やサービス提供上の留意事項などの伝達等を目的とした会議を定期的に開催」があります。会議の議題は「現に抱える処遇困難ケースについての具体的な処遇方針」など7項目（「会議議事録」参照）が示されており、定期的な開催とは「概ね週１回以上」とされています。これらの要件を満たしていることがわかる議事録を作成しておく必要がありますので、フォーマットの項目を工夫しておくとよいでしょう。

個別研修計画、年間スケジュール

算定要件に「介護支援専門員に対し計画的に研修を実施」とあるので、ケアマネジャー個別の研修計画が必要になります。毎年度、少なくとも次年度が始まるまでに次年度の計画を定めなければなりません。

個々のケアマネジャーの目標、その時期と期間、具体的な研修計画、管理者による確認・評価といった項目が盛り込まれた書式の活用が望ましいでしょう。

特定事業所加算が、専門性の高い人材を確保し、質の高いケアマネジメントの体制を整えていることを評価するものであることを考えると、加算の算定要件の意味も理解できるでしょう。

まとめ

- 特定事業所加算は、専門性の高い人材を確保し、質の高いケアマネジメント体制を整えていることを評価するものです。
- 加算の算定要件を満たしているかを記録する「特定事業所加算に係る基準の遵守状況に関する記録」は毎月記録し保管するものです。
- 概ね週1回の会議の記録、個別研修計画・年間スケジュールも必要となります。

特定事業所加算に係る基準の遵守状況に関する記録②

5 利用者の状況（報告月の状況）

（1）要介護3～5の割合　イ（5）関係　【加算Ⅰ】

利用者数（合計）	要介護1	要介護2	要介護3	要介護4	要介護5	要介護3～5の割合
人	人	人	人	人	人	%

（2）介護支援専門員1人あたりの利用者数　イ（10）関係　【加算Ⅰ・Ⅱ・Ⅲ】

利用者数(A)	人	介護支援専門員数(B)（常勤換算）	人	1人あたり利用者数（A)÷(B)	人

※利用者数（A)は、介護予防支援に係る利用者数に、2分の1を乗じた数を含む。

6 イ(6)関係　【加算Ⅰ・Ⅱ・Ⅲ】

介護支援専門員に対し、計画的に研修を実施している。	有　・　無

※「有」の場合には、研修の実施計画及び実施状況を示した書面を添付すること。

7 地域包括支援センター等との連携について　イ(7)・(8)関係　【加算Ⅰ・Ⅱ・Ⅲ】

（1）（地域包括支援センターから支援困難な利用者の紹介があった場合）当該利用者に居宅介護支援の提供を開始した。	有　・　無 開始件数　：　件
（2）地域包括支援センターから支援困難な利用者の紹介があった場合には、引き受けられる体制を整えている。	有　・　無 具体的な体制　：
（3）（地域包括支援センター等が開催する事例検討会等がある場合）当該事例検討会等に参加した。（加算Ⅰのみ）	有　・　無 参加年月日：

毎年作成することで算定要件を満たしているかの確認にもなります

8 減算の適用について　イ(9)関係　【加算Ⅰ・Ⅱ・Ⅲ】

（1）運営基準減算が適用されている。	有　・　無
（2）特定事業所集中減算が適用されている。 ※「居宅介護支援における特定事業所集中減算チェックシート」にて確認すること。	有　・　無

9 実習の受入れについて　イ(11)関係【平成28年度から適用】　【加算Ⅰ・Ⅱ・Ⅲ】

介護支援専門員実務研修の科目「ケアマネジメントの基礎技術に関する実習」に協力又は協力体制を確保している。	有　・　無

会議議事録（例）

議事録はフォーマットを決めておくと、書き漏れもなくなりますし効率的です

会議議事録

作成日：平成　　年　　月　　日

作成者：

会議の名称：事業所内会議
{利用者に関する情報又はサービス提供に当たっての留意事項に係る伝達を目的とする会議}

開催日時	平成　　年　　月　　日（　　）開催　　：　　～ 閉会　　：
開催場所	
出席者	□　□　□　□　□　□　□
議題	
議事内容 （該当項目に○）	（1）現に抱える処遇困難ケースについての具体的な処遇方針 （2）過去に取り扱ったケースについての問題点及びその改善方策 （3）地域における事業者や活用できる社会資源の状況 （4）保健医療及び福祉に関する諸制度 （5）ケアマネジメントに関する技術 （6）利用者からの苦情があった場合は、その内容及び改善方針 （7）その他必要な事項

算定要件となる議題の項目です

検討内容

検討結果

職員確認						

個別研修計画（例）

平成　　年度個別研修計画

職員氏名		職種		経験年数	年

本人の希望	

→「こんな研修を受けたい」「〇〇についての知識を深めたい」「〇〇を作成できるようになりたい」「〇〇が苦手なので、克服したい」「〇〇が得意だが、もっと仕事に生かせるよう〇〇したい」など、何でも構いませんので、できるだけたくさん記入してください。

番号	目標	時期・期間	管理者による目標の達成状況の確認（評価）および改善措置（計画見直し）の必要性
1			
2			
3			

個々のケアマネジャーの目標について記載します

★ 目標は、管理者がその達成状況を適宜確認（評価）できるよう、できる限り具体的に設定してください。
（例）**目標**「〇〇できるようになる、〇〇技術を身につける」→**評価**「～な状況下ではできるようになったが、～になると戸惑う場面が見られるので、来月の～に参加させてみたい」 **目標**「〇〇についての理解を深める」→**評価**「～知識は身についたが、実際のサービス提供において生かせるよう今後はOJT形式に移行する」など。

今年度の総括	

→継続して取り組むべき課題など、翌年度の研修計画を意識して、3月頃に記入してください。

個々のケアマネジャーに対する研修についてのPDCAを示すものです

年間スケジュール（例）

■ 年間スケジュール（平成　年度）

職員氏名	

目標番号	日時	場所（会場）	研修内容（研修名、テーマ等）	管理者確認、評価等
1	月　日　：　～			
1	月　日　：　～			
1	月　日　：　～			
2	月　日　：　～			
2	月　日　：　～			
3	月　日　：　～			
3	月　日　：　～			
	月　日　：　～			
	月　日　：　～			
	月　日　：　～			
	月　日　：　～			
	月　日　：　～			

個々のケアマネジャーの目標に基づいた研修計画が記載されます

↓
・前ページで設定した目標の区分（1～3）を入力してください。
・複数入力も可能です（例えば、1と2の目標の両方に関連する研修の場合、「1，2」等と入力）。
・前ページで設定した目標と無関係の研修等については、空白のままとするか、「-」等を入力してください。

02 特定事業所集中減算の判定に係る記録

POINT

2015(平成27)年の介護報酬改定で大きく見直された内容です。次期制度改正においても、内容について議論がされており、引き続き、注視が必要なトピックといえます。

帳票の目的

特定事業所集中減算に該当するか判定するための帳票であり、すべての事業所が作成します。毎年度前期と後期の２回、それぞれの判定期間における当該事業所において作成されたケアプランを対象として帳票を作成します（下表参照）。

	前期	後期
判定期間	3月1日～8月末日	9月1日～2月末日
書類作成	9月15日まで	3月15日まで
減算適用期間	10月1日～3月31日	4月1日～9月30日
80%を超えた場合	当該書類を都道府県に提出	
80%を超えなかった場合	当該書類を各事業所にて2年間保管	

帳票の使用方法

居宅介護支援事業所において直近６か月間に作成したケアプランに位置づけられた訪問介護など区分支給限度額管理が必要なサービス（以下、訪問介護サービス等）の提供総数のうち、正当な理由なく、同一の事業者によって提供された割合が80%を超えている場合、適用期間の居宅介護支援のすべてについて減算を適用することとなります。これが特定事業所集中減算です。

なお、80%を超えなかった場合には、本帳票を各事業所にて２年間保管する必要があります。

特定事業所集中減算届出書(一部)

特定事業所集中減算届出書

平成　年　月　日

〇〇県知事　殿

80%を超えた場合は都道府県に提出、80%を超えなかった場合にも2年間保管することとされています

届出者 法人所在地
法人名称
代表者の職・氏名　印

特定事業所集中減算に係る算定結果は以下のとおりです。

介護保険事業者番号		記載担当者氏名	
事業所名			
事業所電話番号		事業所FAX番号	

注 ① 給付管理された居宅サービス計画数
② 給付管理された居宅サービス計画であれば、当該サービス利用の有無にかかわらず、算定対象に含める

平成　年度 前期/後期 届出分 判定期間		3月/9月	4月/10月	5月/11月	6月/12月	7月/1月	8月/2月	計
①判定期間における居宅サービス計画数								
訪問介護	②左記サービスを位置付けた居宅サービス計画数							
	③紹介率最高法人を位置付けたサービス計画数							
	紹介率最高法人の名称							
	紹介率最高法人の住所							
	紹介率最高法人の代表者名							
	事業所名1(事務所番号)					(	)	
	事業所名2(事務所番号)					(	)	
	④割合(③÷②×100) 単位:%(小数点第三位切り上げ)							
	⑤割合が80%を超えるに至ったことについての正当な理由(別紙参照、番号記入)							
訪問入浴介護	②左記サービスを位置付けた居宅サービス計画数							
	③紹介率最高法人を位置付けたサービス計画数							
	紹介率最高法人の名称							
	紹介率最高法人の住所							
	紹介率最高法人の代表者名							
	事業所名1(事業所番号)					(	)	
	事業所名2(事業所番号)					(	)	
	④割合(③÷②×100) 単位:%(小数点第三位切り上げ)							
	⑤割合が80%を超えるに至ったことについての正当な理由(別紙参照、番号記入)							
訪問看護	②左記サービスを位置付けた居宅サービス計画数							
	③紹介率最高法人を位置付けたサービス計画数							
	紹介率最高法人の名称							
	紹介率最高法人の住所							
	紹介率最高法人の代表者名							
	事業所名1(事業所番号)					(	)	
	事業所名2(事業所番号)					(	)	
	④割合(③÷②×100) 単位:%(小数点第三位切り上げ)							
	⑤割合が80%を超えるに至ったことについての正当な理由(別紙参照、番号記入)							

対象サービス

対象となるサービスは以下のとおりです。

訪問介護、訪問入浴介護、訪問看護、訪問リハビリテーション、通所介護、通所リハビリテーション、短期入所生活介護、短期入所療養介護、特定施設入居者生活介護（利用期間を定めて行うものに限る）
福祉用具貸与、定期巡回・随時対応型訪問介護看護、夜間対応型訪問介護、認知症対応型通所介護、地域密着型通所介護、小規模多機能型居宅介護（利用期間を定めて行うものに限る）、認知症対応型共同生活介護（利用期間を定めて行うものに限る）
地域密着型特定施設入居者生活介護（利用期間を定めて行うものに限る）、看護小規模多機能型居宅介護（利用期間を定めて行うものに限る）

※「利用期間を定めて行うもの」とは、短期入所の場合を指します。これらは居宅介護支援の給付管理の対象となりますので注意が必要です。

正当な理由とは

正当な理由は以下のようなものが例示されます。しかし、実際の判断は、地域的な事情等も含め諸般の事情を総合的に勘案して、都道府県知事（指定都市および中核市は、指定都市または中核市の長）が適正に判断することとされています。

①居宅介護支援事業者の通常の事業実施地域に訪問介護サービス等がサービスごとでみて５事業所未満である場合など、サービス事業所が少数である場合
（例）　訪問介護事業所が４事業所、通所介護事業所が10事業所所在する地域の場合、訪問介護事業者に対して減算は適用されないが、通所介護事業者に対して減算は適用される。
（例）　訪問看護事業所が４事業所、通所リハビリテーション事業所が４事業所所在する地域の場合、訪問看護事業者、通所リハビリテーション事業者ともに減算は適用されない。

②特別地域居宅介護支援加算を受けている事業者である場合

③判定期間の１か月当たりの平均ケアプラン作成件数が20件以下であるなど事業所が小規模である場合

④判定期間の１か月当たりのケアプランのうち、それぞれのサービスが位置づけられた計画件数が１か月当たり平均10件以下であるなど、サービスの利用が少数である場合

（例）　訪問看護が位置づけられた計画件数が１か月当たり平均５件、通所介護が位置づけられた計画件数が１か月当たり平均20件の場合、その訪問看護事業者に対して減算は適用されないが、通所介護事業者に対して減算は適用される。

⑤サービスの質が高いことによる利用者の希望を勘案した場合等により特定の事業者に集中していると認められる場合

（例）　利用者から質が高いことを理由に当該サービスを利用したい旨の理由書の提出を受けている場合で、地域ケア会議等に当該利用者のケアプランを提出し、支援内容について意見・助言を受けているもの。

⑥その他、正当な理由と都道府県知事（指定都市及び中核市においては、指定都市又は中核市の市長）が認めた場合

（以上、算定基準の解釈通知より抜粋）

ただし、当該理由を不適当と判断した場合は、特定事業所集中減算を適用するものとして取り扱うとされているため、事業所で自己判断したりせずに、疑問点があれば、都道府県等に問い合わせることが大切です。

まとめ

・届出書は、特定事業所集中減算に該当するかを判定するための帳票であり、全事業所が帳票を作成します。
・毎年度前期と後期の2回、各判定期間における当該事業所で作成されたケアプランを対象として帳票を作成します。
・疑問があれば、事業所で自己判断せず、都道府県等に問い合わせましょう。

03 入院時情報連携加算に係る情報提供記録

POINT

医療との連携に関する帳票です。利用者の入院時に、医療機関にどう情報提供を行うことが連携体制を構築するうえで大切か、確認しましょう。

帳票の目的

本帳票は、入院時情報連携加算を算定する場合、医療機関へ情報提供する際に使用されるものです。法定の様式ではなく任意のものであり、各自治体や団体等で作成されることが多いです。必要な情報が漏れなく記入できるため便利であり、活用したい帳票といえます。

帳票の使用方法

入院時情報連携加算の主な算定要件は以下のとおりです。

・入院してから遅くとも７日以内に連携を行っていること

・（Ⅰ）：医療機関に出向いて情報提供した場合

・（Ⅱ）：訪問以外で医療機関に情報提供した場合

　　→提供先は医療機関の「職員」

・日時、場所、内容、提供手段の記録があること

・上記の「内容」は、以下の情報を満たしていること

　心身の状況（疾患・病歴、認知症の有無や徘徊等の行動の有無など）

　生活環境（家族構成、生活歴、介護者の介護方法や家族介護者の状況など）

　サービスの利用状況

入院時情報連携シート(例)

入院時情報連携シート

平成　年　月　日

入院先医療機関：
担当者：

情報提供元事業所：
ケアマネジャー　：
電話番号　　　　：

加算の算定要件を満たすような項目となっています

入院した利用者	様　（男・女） 明・大・昭　年　月　日生　歳
住所	
入院日	平成　年　月　日
情報提供日	
情報提供方法	病院訪問、郵送・FAX・メール、その他（　　）
家族状況	と同居。 主介護者：　（続柄　）　キーパーソン：　（続柄　）

入院前の状況				
疾病の状況	主治医			
	既往歴			
	服薬状況	自立・一部介助・介助・その他（　）		
	その他受診医			
	認知症	ある・ない	入院時等せん妄歴	ある（　）・ない
		特記：		
	床ずれ	ある・ない	寝具	布団・ベッド・特殊マット（　）
ADL	移動	方法：自立・一部介助・全介助・その他（　） 手段：見守り・手引き・杖・歩行器・シルバーカー・車椅子 特記：		
	食事	方法：自立・一部介助・全介助・その他（　） 種類：ペースト・刻み・軟菜・トロミ・普通・経管栄養 特記：		
	排泄	方法：自立・一部介助・全介助・その他（　） 場所：トイレ・ポータブルトイレ 使用物品と頻度：オムツ・紙パンツ・パット　（夜・昼・終日） 特記：		
要介護認定	支援1・支援2・介護1・介護2・介護3・介護4・介護5　有効期限　年　月　日迄			

介護サービス利用状況	日曜日	月曜日	火曜日	水曜日	木曜日	金曜日	土曜日
備考							

退院調整の時期には連絡を下さると幸いです。本人の様子を確認のうえ、退院後の介護サービスを調整します。

前述の内容は、必ずしも文書によることはなく、口頭での情報提供でも構いませんが、居宅介護支援経過等には内容等の記録が求められるため、はじめからこうした連携シートを用いて情報提供を行ったほうが業務としても効率的です。

使用方法としては、算定要件にもあるとおり、入院してから遅くとも７日以内に、本帳票に情報を記入したうえで、医療機関に出向いて情報提供をするか（Ⅰ）、もしくはFAX等で情報提供をする（Ⅱ）ということになります。

帳票の留意点や使用上の工夫

加算の算定要件の根拠としては、本帳票を保管しておくとともに、居宅介護支援経過にも、以下のように記載しておくと万全でしょう。

> ○年○月○日
> 入院先の○○病院を訪問。（○年○月○日より入院）
> ソーシャルワーカーの○○様と面談。
> 入院時情報連携シート（別紙参照）を手渡しする。
> （※訪問せずFAX等であれば、それを記載）

このように記録しておけば、居宅介護支援経過に長々と文章を書く必要もなく、支援の振り返りの際にも便利です。

ただし、法定の様式があるわけではありませんので、連携シートが加算の要件を満たしているかの確認は必要になります。

医師との連携のために

医療との連携は今に始まった課題ではなく、少なくとも介護保険制度創設当時からずっと重要視されてきたテーマといえるでしょう。ただ、「連携」とだけ唱えていても、具体性が乏しいため、実務的な意味での実現がなかなか難しいのだと考えます。

職種を超えた「連携」に必要な要素は、以下などが考えられます。

・各職種の役割や都合の相互理解
・上記を踏まえたうえでの共通ルール
・共通の目標
・利用者の情報共有　　　等

本帳票は、このなかの「利用者の情報共有」に役立つものだと思います。ケアマネジメントに限りませんが、「連携」と名のつく加算は、こうした「連携」の強化のために設けられたものです。積極的に活用して、連携業務が通常業務となるように努力したいものです。

サービス事業所からの情報収集

病院に情報を提供する役割はケアマネジャーが担いますが、そのときに、訪問看護や通所介護等のサービス事業者から情報を集めることが大切です。ケアマネジャーの手持ちの情報だけでは不足しがちな直近の利用者の状態についての情報は、サービス事業者のほうが詳しい場合が多いものです。ケアマネジャーは情報共有、チームケアのハブ（中継拠点）としての機能を意識しましょう。

まとめ

・入院時情報連携加算を算定する場合、医療機関へ情報提供する際に入院時情報連携シートを使用します。積極的な情報提供に努めましょう。
・「連携」と名のつく加算は、「連携」強化のために設けられたものと理解してください。連携業務が特別な場合だけ行われるものでなく、日常の通常業務になるよう努めましょう。

04 退院・退所加算に係る把握情報記録

POINT
前項と同様、医療との連携に関する帳票です。
利用者の退院・退所に際し、医療機関等からの
情報を得るために活用できる帳票でもあります。

帳票の目的

退院・退所加算は、利用者の退院・退所に際し、医療機関等からの情報をもとにケアプランを作成し、関係機関と連絡調整を行う手間を評価するものです。

退院・退所加算は、以下の２種類の算定方法があります。

（１）医療機関、介護保険施設等の職員と面談で算定する場合

（２）担当医等とのカンファレンスで算定する場合

本帳票は、（１）の場合で、利用者に関する必要な情報を得た内容を記録しておく際に用います（退院・退所加算は、入院中に３回まで算定できますが、そのうち１回は、（２）により退院後の在宅での療養上必要な説明を受けたうえで、ケアプランを作成する必要があります）。

帳票の使用方法

本帳票は、医療機関や介護保険施設等の職員と面談して利用者の情報を得た際に記録するものです。「面談」で情報収集する必要があるため、入院時情報連携加算とは異なり、電話やFAX等の面談以外の手段では算定できません。

また、本帳票を必ず使用しなければならないわけではありませんが、標準様式として示されている様式であるため、居宅介護支援経過に情報を記録する手間を考えると、本帳票を使うほうが効率的といえます。

退院・退所情報記録書（例）

退院・退所情報記録書

情報収集先の医療機関・施設名	
電話番号	
面談日　平成　年　月　日	面談日　平成　年　月　日
所属（職種）	所属（職種）

ふりがな
利用者氏名　（男・女）
生年月日（明・大・昭）　年　月　日（　歳）
入院期間　入院日　年　月　日　～　退院（予定）日　年　月　日
・手術　有（手術名　）・無

要介護度	未申請・区分変更中・新規申請中・非該当 要支援　1・2　要介護　1・2・3・4・5 認定日　平成　年　月　日　有効期間　平成　年　月　日～　年　月　日

	入院・入所中の状況	（特記事項）
疾病の状態	主病名 副病名 主症状 既往歴 服薬状況　無・有 （内服:介助されていない・一部介助・全介助）	（感染症、投薬の注意事項（薬剤名、薬剤の剤影、投与経路等）等）
特別な医療	点滴の管理　中心静脈栄養　透析 ストーマ（人工肛門）の処置　酸素療法 気管切開の処置　疼痛管理　経管栄養 褥瘡の処置　カテーテル　喀痰吸引 その他（　）	
食事摂取	介助されていない・見守り等・一部介助・全介助 嚥下状況（良・不良）　咀嚼状況（良・不良） （ペースト・刻み食・ソフト食・普通/経管栄養） ・制限　無・有（塩分・水分・その他（　））	（制限の内容等）
口腔清潔	介助されていない・一部介助・全介助	
移動	介助されていない・見守り等・一部介助・全介助 （見守り・手引き・杖・歩行器・ シルバーカー・車椅子・ストレッチャー）	（独自の方法・転倒危険・住宅改修の必要性等）
洗身	介助されていない・一部介助・全介助・不可・ 行っていない ・入浴の制限　無・有（シャワー・清拭・その他）	
排泄	介助されていない・見守り等・一部介助・全介助 オムツ・リハビリパンツ（常時・夜間のみ）	（留置カテーテル等）
夜間の状態	良眠・不眠（状態:　）	
認知・精神面	・認知症高齢者の日常生活自立度（　） ・精神状態（疾患）　無・有（　）	（認知症の原因疾患等）
リハビリ等	・リハビリテーション　無・有（頻度:　） ・運動制限　無・有	（リハビリ・運動制限の内容、導入予定のサービス等）

療養上の留意する事項	

診療報酬の退院時共同指導料二の注三の対象となる会議（カンファレンス）に参加した場合は、本様式ではなく、当該会議（カンファレンス）の日時、開催場所、出席者、内容の要点等について居宅サービス計画書等に記録すること。

退院後のケアプランを考える点で重要な項目ばかりです。また、サービス事業者ともカンファレンスの機会等を通じて情報共有しましょう

帳票の留意点や使用上の工夫

加算算定の根拠としては、本帳票を保管しておくとともに、居宅介護支援経過にも以下のように記載しておくと万全でしょう。

○年○月○日
入院先の○○病院を訪問。
ソーシャルワーカーの○○様と面談。
内容については、退院・退所情報記録書（別紙）を参照。

加えて、その後のケアプランの作成も要件となるため注意が必要です。

担当医等とのカンファレンスで算定する場合

担当医等とのカンファレンスで算定する場合は、以下の要件を満たす必要があります。

- 入院中の担当医等との会議に参加して、退院後の在宅での療養上必要な説明を行った上で、
- 居宅サービス計画を作成し、
- 居宅サービスまたは地域密着型サービスの利用に関する調整を行った場合

また、算定する際の記録については、本帳票の欄外に次のように示されています。

- 診療報酬の退院時共同指導料二の注三の対象となる会議（カンファレンス）に参加した場合は、本様式ではなく、当該会議（カンファレンス）の日時、開催場所、出席者、内容の要点等について居宅サービス計画等に記録すること。

つまり、担当医等とのカンファレンスで算定する場合には、本帳票は用いずに、居宅介護支援経過等に必要な情報を残す必要があるということです。見落としがちなので注意が必要です。

退院時のカンファレンスの進め方

退院時に病院で行われるカンファレンスについて、誰が司会進行を務めるのか、と悩むケースがあります。ケアマネジャー側は、病院のカンファレンスなので、当然、医療ソーシャルワーカーが司会進行を行うべきと考え、病院の医療ソーシャルワーカーは退院後のケアプランにかかわる会議なのでケアマネジャーが行うべきと考える、といった具合です。

明確な決まりはないのでしょうが、一つの案として、病院の医師をはじめとする医療職からの情報提供に関する内容は医療ソーシャルワーカーに司会進行を担ってもらい、その後、在宅でのケアプランにかかわる内容についてはケアマネジャーが担当する、という役割分担があります。

ただ、いずれにしても、当日ぶっつけ本番では役割分担がうまくいかない可能性が高いので、事前の相談と調整が必要であることはいうまでもありません。円滑に仕事を進めていくためにも大切なことです。

- 退院・退所加算は、利用者の退院・退所に際して、医療機関等からの情報をもとにケアプランを作成し、関係機関との連絡調整を評価するものです。
- 本帳票は、医療機関、介護保険施設等の職員と面談で利用者に関する必要な情報を得た際に記録します。
- 担当医等とのカンファレンスで算定する場合、本帳票は用いずに、居宅介護支援経過等に必要な情報を残す必要があります。

05 軽度者の福祉用具貸与に係る記録

POINT
軽度者に対する福祉用具の利用制限、また例外給付は新人ケアマネジャーには複雑に見えるものです。本帳票は例外給付の根拠となるものであり、しっかり押さえておきましょう。

対象外の種目の貸与についての基本的考え方

軽度者（要支援１・２、要介護１、自動排泄処理装置（尿のみを自動的に吸引する機能のものを除く）における軽度者は要介護２・３の者も含む）の方は、車いす（付属品含む）等の利用は原則認められていません。しかし一定の条件に該当する方は、例外的に利用が認められます。これを一般に例外給付といいます。

原則として、右表の定めるところによって、その要否を判断します。

ほとんどの項目については要介護認定時の基本調査の結果に基づいて判断されますが、「日常生活範囲における移動の支援が特に必要と認められる人」および「生活環境において、段差の解消が必要と認められる人」については、該当する基本調査結果がないため、主治医から得た情報および福祉用具専門相談員のほか、軽度者の状態像について適切な助言が可能な者が参加するサービス担当者会議等を通じた適切なケアマネジメントにより居宅介護支援事業者が判断することとなります。

なお、判断の見直しについては、ケアプランに記載された必要な理由を見直す頻度（必要に応じて随時）で行うこととされています。

車いす及び車いす付属品	1.日常的に歩行が困難な人 （要介護認定時の基本調査で、歩行ができないとされた人） または 2.日常生活範囲における移動の支援が特に必要と認められる人
特殊寝台及び特殊寝台付属品	1.日常的に起き上がりが困難な人 （要介護認定時の基本調査で、起き上がりができないとされた人） または 2.日常的に寝返りが困難な人 （要介護認定時の基本調査で、寝返りができないとされた人）
床ずれ防止用具及び体位変換機	日常的に寝返りが困難な人 （要介護認定時の基本調査で、寝返りができないとされた人）
認知症老人徘徊感知機器	1.意思の伝達、介護者への反応、記憶・理解のいずれかに支障がある人 （要介護認定時の基本調査で、それらが「できない」などとされた人） かつ 2.移動において全介助を必要としない人 （要介護認定時の基本調査で、移動が「全介助」以外とされた人）
移動用リフト（つり具の部分を除く）	1.日常的に立ち上がりが困難な人 （要介護認定時の基本調査で、立ち上がりができないとされた人） または 2.移乗が一部介助または全介助を必要とする人 （要介護認定時の基本調査で、移乗が「一部介助」または「全介助」とされた人） または 3.生活環境において、段差の解消が必要と認められる人
自動排泄処理装置（尿のみを自動的に吸引する機能のものを除く）	1.排便が全介助を必要とする人 （要介護認定時の基本調査で、排便が「全介助」とされた人） かつ 2.移乗が全介助を必要とする人 （要介護認定時の基本調査で、移乗が「全介助」とされた人）

疾病などの原因による対象外の種目の貸与

また、表の内容にかかわらず、次頁のⅰ）からⅲ）のいずれかに該当する旨が、医師の医学的な所見に基づいて判断され、かつ、サービス担当者会議等を通じた適切なケアマネジメントにより福祉用具貸与が特に必要である旨が判断されている場合、これらについて、市町村が書面等確実な方法で確認することにより、その要否が判断できます。

この場合において、当該医師の医学的な所見については、主治医意見書による確認のほか、医師の診断書または担当のケアマネジャーが聴取したケアプランに記載する医師の所見により確認する方法でも差し支えありません。

ｉ）疾病その他の原因により、状態が変動しやすく、日によってまたは時間帯によって、頻繁に表の状態に該当する者

（例．パーキンソン病の治療薬によるオン・オフ現象）

ⅱ）疾病その他の原因により、状態が急速に悪化し、短期間のうちに表の状態に該当することが確実に見込まれる者

（例．がん末期の急速な状態悪化）

ⅲ）疾病その他の原因により、身体への重大な危険性または症状の重篤化の回避等医学的判断から表の状態に該当すると判断できる者

（例．ぜんそく発作等による呼吸不全、心疾患による心不全、嚥下障害による誤嚥性肺炎の回避）

※注 カッコ内の状態は、あくまでもｉ）～ⅲ）の状態の者に該当する可能性のあるものを例示したにすぎません。また、カッコ内の状態以外の者であっても、ｉ）～ⅲ）の状態であると判断される場合もありえます。

帳票の使用方法と留意点

本帳票の標題どおり、軽度者が対象外となっている福祉用具を貸与しようとする際に記載し、市町村に提出するものです。

ただし、法定の様式があるわけではなく、手続き等も市町村によって異なるため、市町村ごとで定められている方法を確認してください。

まとめ

- 認定調査票の内容等から一定の条件に該当すれば、軽度者の福祉用具貸与が例外的に認められます。
- 医師の医学的な所見＋サービス担当者会議等を通じた適切なケアマネジメント＋市町村の確認
  でも、例外給付は認められます。
- 市町村によって手続き等は異なるため、市町村ごとに方法を確認しましょう。

軽度者に対する福祉用具貸与に係る確認依頼書（例）

担任	係長	課長

平成　　年　　月　　日

（あて先）○○○　　市長

軽度者に対する福祉用具貸与に係る確認依頼書

軽度者に対する福祉用具貸与について、次のとおり医師の医学的な所見に基づいた、サービス担当者会議等を通じた適切なケアマネジメントにより、（介護予防）福祉用具貸与が特に必要であると判断しましたので、確認を依頼します。

例外給付を必要とする理由や背景、医師をはじめとする専門職の意見がわかるようにしましょう

1　対象者
（１）被保険者氏名＿＿＿＿＿＿＿＿＿＿
（２）被保険者番号＿＿＿＿＿＿＿＿＿＿
（３）要介護度　□要支援１　□要支援２　□要介護１

2　貸与品目等
（１）貸与品目種別＿＿＿＿＿＿＿＿＿＿
（２）貸与開始年月日　平成　　年　　月　　日
（３）福祉用具貸与事業者＿＿＿＿＿＿＿＿＿＿
（事業者番号）＿＿＿＿＿＿＿＿＿＿

3　医師の医学的所見による判断
該当する状態
□ ｉ）疾病その他の原因により、状態が変動しやすく、日によって又は時間帯によって、頻繁に第９５号告示第２５号のイに該当する者
□ ⅱ）疾病その他の原因により、状態が急速に悪化し、短期間のうちに第９５号告示第２５号のイに該当するに至ることが確実に見込まれる者
□ ⅲ）疾病その他の原因により、身体への重大な危険性又は症状の重篤化の回避等医学的判断から第９５号告示第２５号のイに該当すると判断できる者

4　添付書類
□ １　サービス担当者会議等の記録（居宅サービス計画標準様式第４表、介護予防支援経過記録等）
□ ２　主治医の意見書又は診断書又は医師の医学的所見を記載した書類
※原則として１と２の両方の添付が必要です。ただし、１の記録において医師の医学的所見による判断が明記されている場合は２の添付を省略することができます。

事業所名			
事業所番号		担当者	印
連絡先	郵便番号： 住　所： ＴＥＬ：		

保険者確認欄

06 短期入所生活者の長期利用に係る理由書

POINT

軽度者への福祉用具貸与と同様、例外給付の根拠となる帳票です。短期入所サービスの長期利用は、ケースに出会う頻度も高いため、帳票の性格とあわせて確認しましょう。

帳票の目的

短期入所サービスは、要介護者の在宅生活を維持する観点から、連続した利用は30日までと制限されています。またケアマネジャーは、ケアプランに短期入所サービスを位置づける場合、利用日数が要介護認定等の有効期間全体の概ね半数を超えないこととされています。

しかし、利用者の心身の状況および利用者、家族等の意向に照らして、サービス利用が特に必要と認められる場合、これを上回る日数の短期入所サービスを位置づけることが可能です。本帳票は、長期利用の必要性について市町村に届出を行う際に使用されるものです。

帳票の使用方法

手順としては、

1．まず、利用者・家族との面談・アセスメントを経て、

2．短期入所サービスの内容説明や事業所等の情報提供を行った後、

3．ケアプランの作成、サービス担当者会議を行い、

4．短期入所サービスの長期利用について市町村に届け出を行う、

といったかたちになります。

短期入所生活者の長期利用に係る理由書（例）

短期入所生活者の長期利用に係る理由書

○○○市長様

申　請　者　住所
（本人又は親族）氏名
続柄（　　　　　　）
電話

下記の理由により、短期入所を延長していただくようお願いします。

対象者		生年月日	
住　所		電　話	
認定期間		要介護度	要支援１・２ 要介護１・２・３・４・５
延長理由	（延長理由は申請者からみた意見が必要） 長期利用が必要な理由、背景、目的が大切です		
担当介護支援専門員意見・氏名（　　　　）・事業所名（　　　　）			

※・この申請書と居宅サービス計画書（１）（２）、サービス利用票、サービス利用票別表を添付してください。
・14日以上連続でショートステイ利用の場合、またはショートステイの利用日数が認定有効期間の半数を超える場合に申請が必要。

また、本帳票とともに、居宅サービス計画書（１）（２）や利用票の提出を求められる場合もあります。さらには、課題分析やサービス担当者会議の要点が必要な場合もあります。各市町村によって手続き等が異なりますので、確認する必要があります。

帳票の留意点や使用上の工夫

いずれにしても、連続30日を超える利用や、有効期間の半数を超える利用については、必要性を明らかにすることが重要です。

一般的には、以下のような理由が考えられます。

・利用者が認知症であること等により、同居している家族による介護が困難な場合
・同居している家族等が高齢、疾病であること等を理由として十分な介護ができない場合
・介護者の病気等で、一定期間介護者が不在になるが、状況回復により自宅に戻る場合
・退所予定日に利用者の心身の状態が悪化しており、在宅に戻れる状態ではないと客観的に認められる場合
・入所、入居日等が決定しているが、短期間の待機があり、なおかつ自宅に戻ることが不可能な場合
・調整しながら利用していたが、結果的に半数を超過してしまう理由があった場合（入退院等で環境の調整が必要だった場合等）
・その他やむを得ない理由により、居宅において十分な介護を受けることができないと認められる場合

長期利用者に対する減算について

2015（平成27）年度の介護報酬改定で新設された、長期利用者に対する減算については、以下のように定められているので、あわせて確認しておきましょう。

> 短期入所生活介護の基本サービス費については、施設入所に比べ入退所が頻繁であり、利用者の状態が安定していないことなどから、特別養護老人ホームへ入所した当初に施設での生活に慣れるための様々な支援を評価する初期加算相当分を評価している。
> こうしたことから、居宅に戻ることなく、自費利用を挟み同一事業所を連続30日を超えて利用している者に対して短期入所生活介護を提供する場合には、連続30日を超えた日から減算を行う。なお、同一事業所を長期間利用していることについては、居宅サービス計画において確認することとなる。

ただし、長期利用については、減算があるからといって無条件に可能なわけではなく、あくまで例外的なものです。そのため、長期利用がやむを得ない理由、背景、目的などが、アセスメントやケアプラン、サービス担当者会議において確認できることが大切です。

ケアマネジャーは常に、サービス利用についての理由、根拠、目的を明確に示すことが求められます。区分支給限度額内だから自由にサービスが利用できるわけではなく、あくまで利用者のニーズに応じてサービスを導入するという考え方が大切です。基本的なことですが、理由、根拠、目的についてケアプラン点検や地域ケア会議では今後ますます重要視され、要求されるようになるでしょう。

- 利用者の心身の状況等、サービス利用が必要な場合は、規定を上回る日数の短期入所サービスを位置づけることが可能です。本帳票は、この必要性について市町村に届出を行う場合に使用されるものです。
- 長期利用が認められた場合でも、長期利用者に対する減算は適用されるので注意しましょう。

まとめ

07 居宅療養管理指導に関する情報提供

POINT
居宅療養管理指導を有効に活用することが得意でないケアマネジャーが多いようです。帳票の使用方法等とともに、連携上必要となるポイントを押さえましょう。

帳票の目的・使用方法

居宅療養管理指導は、通院困難な利用者の居宅を訪問して、療養上の管理および指導を行うものです。また、利用者や家族への直接の支援だけでなく、利用者を中心とする介護保険サービス関係者へ情報を提供し、バックアップをします。

居宅療養管理指導を行う事業者からケアマネジャーへ情報提供を行う際に、本帳票が使用されます。

本帳票は、ケアマネジャーが作成するものではなく、居宅療養管理指導の事業者側で作成され、ケアマネジャーは受け取る側になります。

運営基準には、医療系サービスとの連携について、次のように定められています。

> 指定居宅介護支援は、要介護状態の軽減又は悪化の防止に資するよう行われるとともに、医療サービスとの連携に十分配慮して行われなければならない。

つまり、本帳票の内容を確認し、ケアプラン作成に活用するとともに、各サービス事業者とも情報共有をする必要があるのです。また、本帳票を保管しておくことが、医療サービスとの連携の証明にもなるということです。

指定居宅介護支援事業者向け診療情報提供書(例)

都道府県が指定する指定居宅介護支援事業所等向け 診療情報提供書

情報提供先事業所　　　　　　　　　　　　平成　年　月　日

担当　　　　　　　　　殿

紹介元医療機関の所在地及び名称

電話番号

FAX 番号

医師氏名　　　　　㊞

患者氏名		性別	男 ・ 女
		職業	
電話番号		生年月日	明治・大正・昭和 年　月　日生（　）歳
患者住所			
情報提供の目的			
傷病名	生活機能低下の原因になっているもの 発症日：昭和・平成　年　月　日 発症日：昭和・平成　年　月　日		
その他の傷病名			
傷病の経過及び治療状況			
診療形態	外来 ・ 訪問診療 ・ 入院	入院患者の場合	入院日：　年　月　日 退院日：　年　月　日
必要と考える介護・福祉サービス又はサービス利用に際しての留意点等			

障害高齢者の生活自立度
□自立 □J1 □J2 □A1 □A2 □B1 □B2 □C1 □C2

認知症高齢者の日常生活自立度
□自立 □Ⅰ □Ⅱ □Ⅲ □Ⅱa □Ⅱb □Ⅲa □Ⅲb □Ⅳ □M

受け取って保管しておくだけでなく、内容に目を通し、アセスメント、ケアプラン作成、モニタリングに活かすようにしましょう

「情報提供」および「指導又は助言」の方法

ケアマネジャーは、居宅介護支援だけでなく、他サービスの運営基準等や役割にも関心をもちましょう。以下は、居宅療養管理指導の算定基準の解釈通知です。

ケアマネジャーに対する情報提供の方法

ケアプランの策定等に必要な情報提供は、サービス担当者会議への参加により行うことを基本とする（必ずしも文書等による必要はない）。

当該会議への参加が困難な場合やサービス担当者会議が開催されない場合等においては、下記の「情報提供すべき事項」（薬局薬剤師に情報提供する場合は、診療状況を示す文書等の内容も含む。）について、原則として、文書等（メール、ＦＡＸ等でも可）により、ケアマネジャーに対して情報提供を行うことで足りるものとする。

なお、サービス担当者会議等への参加により情報提供を行った場合については、その情報提供の要点を記載すること。当該記載については、医療保険の診療録に記載することは差し支えないが、下線又は枠で囲う等により、他の記載と区別できるようにすること。

また、文書等により情報提供を行った場合については、当該文書等の写しを診療録に添付する等により保存すること。

（情報提供すべき事項）

(a) 基本情報（医療機関名、住所、連絡先、医師・歯科医師氏名、利用者の氏名、生年月日、性別、住所、連絡先等）

(b) 利用者の病状、経過等

(c) 介護サービスを利用する上での留意点、介護方法等

(d) 利用者の日常生活上の留意事項

※前記に係る情報提供については、医科診療報酬点数表における診療情報提供料に定める様式を活用して行うこともできることとする。

利用者・家族等に対する指導又は助言の方法

介護サービスを利用する上での留意点、介護方法等に関する指導又は助言は、文書等の交付により行うよう努めること。

以上を踏まえると、本帳票は単に受け取るだけでなく、活用することが大切だと理解できると思います。また、「ケアマネジャーに対する情報提供は、サービス担当者会議への参加により行うことを基本とする」とありますので、この点でも注意が必要です。

他事業者との連携を行う際には、まず、お互いの役割やルール、都合を知る必要があります。これらを把握せずにお互いに要求をぶつけると、的外れだったり、ルールに反することもあり得るでしょう。

スムーズな連携、チームワークを実現するためにも、お互いの運営基準に目を通しておくことは大切です。そのうえで、実務の細かな点でわからないことは質問をし合うと、相互理解がより深まります。

以下には、居宅療養管理指導の回数の限度を記します。参考にしてください。

居宅療養管理指導の回数の限度

医師、歯科医師		2回／月
薬剤師	病院・診療所	2回／月
	薬局	4回／月（例外あり）
管理栄養士		2回／月
歯科衛生士		4回／月
看護職員		2回／6か月

・居宅療養管理指導を行う事業者からケアマネジャーへ情報提供を行う際に本帳票が使用されます。
・本帳票は、医療系サービスとの連携の証しになるので、しっかり保管しましょう。
・居宅療養管理指導の事業者からの情報提供は、サービス担当者会議への参加が基本ですが、参加できない・開催されない場合の文書等による対応も留意しましょう。

08 住宅改修関連

POINT
住宅改修は、事前申請、支給申請について必要な書類・手続きがあり、手順を間違えると給付されないこともあります。市町村にも確認しておきましょう。

住宅改修にかかわるポイント

住宅改修では、手すりの設置や段差の解消などを行いますが、ケアマネジャーは利用者・家族の生活状況や意向を踏まえたうえで、必要に応じてリハビリテーションの専門職等にも意見を聞くことが大切です。多職種連携のコーディネーターとしての役割を発揮しましょう。

事前申請時に必要な書類と留意点

以下、申請時に必要になるものについて、概要を説明します。市町村によって手続き等が異なる場合がありますので、必ず確認しましょう。

・介護保険居宅介護（介護予防）住宅改修費支給申請書・設備給付支給申請書
・本人の印鑑：上記の申請書に押印
・本人名義の金融機関の口座がわかるもの：上記の申請書に情報を記載
・住宅改修が必要な理由書：原則として、ケアマネジャーが作成
・工事内訳書（見積書）
　改修箇所ごとの材料費・工事手数料等の内訳がわかるもの。
　宛名は、申請者本人（被保険者）に限ります。工事場所（住所地）、見積事業者の社名等を明記のうえ、社印または代表者印を押印してあるもの。

住宅改修が必要な理由書①(例)

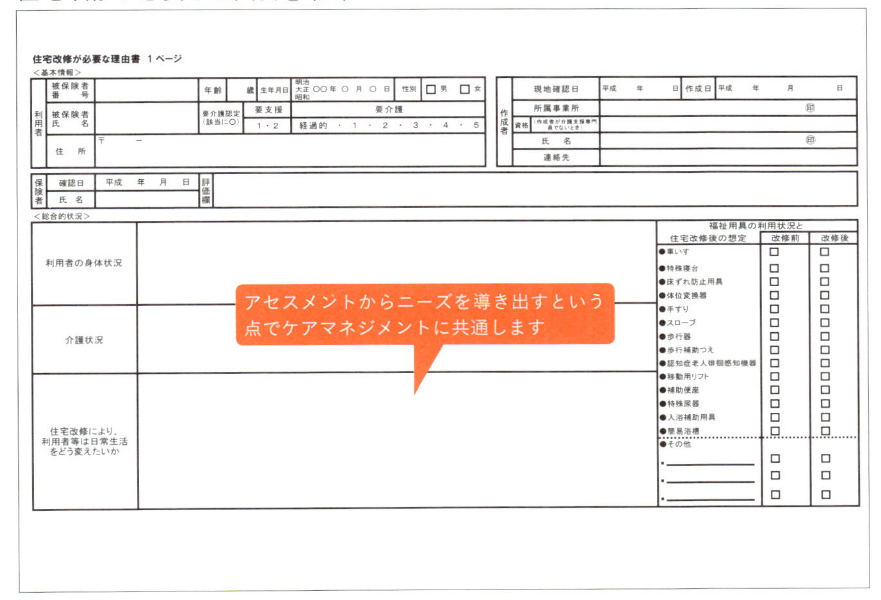

住宅改修が必要な理由書　1ページ

<基本情報>

利用者	被保険者番号		年齢　歳	生年月日	明治 大正 昭和 ○○年 ○月 ○日	性別	□男 □女
	被保険者氏名		要介護認定(該当に○)	要支援 1・2	要介護 経過的・1・2・3・4・5		
	住所	〒　−					

作成者	現地確認日	平成　年　日
	作成日	平成　年　月　日
	所属事業所	印
	資格(作成者が介護支援専門員でないとき)	
	氏名	印
	連絡先	

保険者	確認日	平成　年　月　日	評価欄
	氏名		

<総合的状況>

利用者の身体状況	
介護状況	
住宅改修により、利用者等は日常生活をどう変えたいか	

福祉用具の利用状況と住宅改修後の想定	改修前	改修後
●車いす	□	□
●特殊寝台	□	□
●床ずれ防止用具	□	□
●体位変換器	□	□
●手すり	□	□
●スロープ	□	□
●歩行器	□	□
●歩行補助つえ	□	□
●認知症老人徘徊感知機器	□	□
●移動用リフト	□	□
●補助便座	□	□
●特殊尿器	□	□
●入浴補助用具	□	□
●簡易浴槽	□	□
●その他		
・	□	□
・	□	□
・	□	□

住宅改修が必要な理由書②(例)

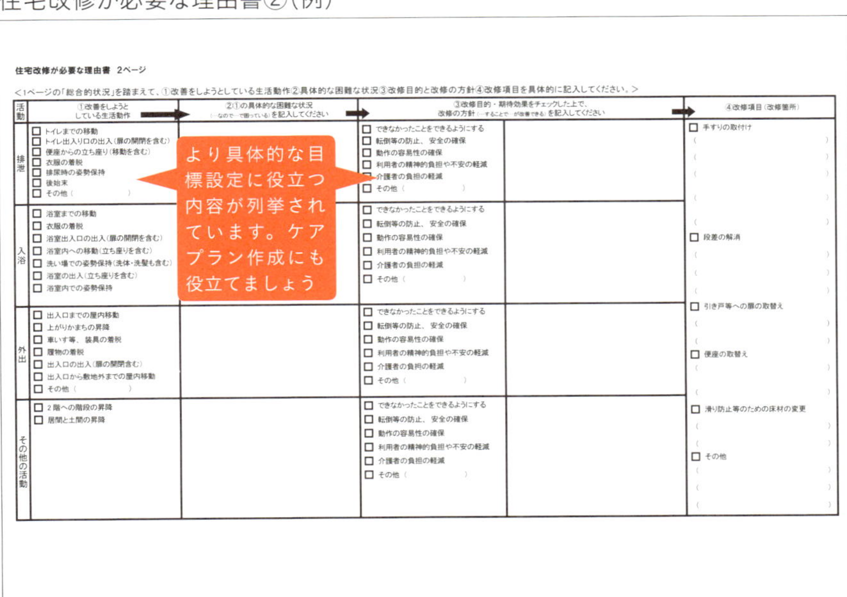

住宅改修が必要な理由書　2ページ

<1ページの「総合的状況」を踏まえて、①改善をしようとしている生活動作②具体的な困難な状況③改修目的と改修の方針④改修項目を具体的に記入してください。>

活動	①改善をしようとしている生活動作	②①の具体的な困難な状況(…なので…で困っている)を記入してください	③改修目的・期待効果をチェックした上で、改修の方針(…することで…が改善できる)を記入してください		④改修項目(改修箇所)
排泄	□トイレまでの移動 □トイレ出入り口の出入(扉の開閉を含む) □便座からの立ち座り(移動を含む) □衣服の着脱 □排尿時の姿勢保持 □後始末 □その他(　)		□できなかったことをできるようにする □転倒等の防止、安全の確保 □動作の容易性の確保 □利用者の精神的負担や不安の軽減 □介護者の負担の軽減 □その他(　)		□手すりの取付け (　) (　) (　) (　) (　) □段差の解消 (　) (　) (　) □引き戸等への扉の取替え (　) (　) □便座の取替え (　) (　) □滑り防止等のための床材の変更 (　) (　) □その他 (　) (　) (　)
入浴	□浴室までの移動 □衣服の着脱 □浴室出入口の出入(扉の開閉を含む) □浴室内への移動(立ち座りを含む) □洗い場での姿勢保持(洗体・洗髪も含む) □浴室の出入(立ち座りを含む) □浴室内での姿勢保持		□できなかったことをできるようにする □転倒等の防止、安全の確保 □動作の容易性の確保 □利用者の精神的負担や不安の軽減 □介護者の負担の軽減 □その他(　)		
外出	□出入口までの屋内移動 □上がりかまちの昇降 □車いす等、装具の着脱 □履物の着脱 □出入口の出入(扉の開閉含む) □出入口から敷地外までの屋内移動 □その他(　)		□できなかったことをできるようにする □転倒等の防止、安全の確保 □動作の容易性の確保 □利用者の精神的負担や不安の軽減 □介護者の負担の軽減 □その他(　)		
その他の活動	□2階への階段の昇降 □居間と土間の昇降		□できなかったことをできるようにする □転倒等の防止、安全の確保 □動作の容易性の確保 □利用者の精神的負担や不安の軽減 □介護者の負担の軽減 □その他(　)		

・住宅改修前写真添付用紙

必要事項を記入のうえ、必ず「改修前写真」を添付すること。

改修箇所ごとに撮影し、撮影日を明示。

・図面：改修前後の様子や動線が確認できるものを用意。

（注意１）自分の持ち家でない場合（賃貸住宅など）は、その所有者の「承諾書」が必要。
（注意２）給付金の振込口座を、申請者本人（被保険者）名義の口座以外に希望する場合、「委任状」の提出が必要。振込先口座の名義人と申請者本人との関係を確認する書類を提出。
（注意３）申請書類等は返却されないので、必要な場合は、写し（控え）を取る。

支給申請に必要なもの・改修工事後

市町村は、事前に提出された書類との確認、工事が行われたかどうかの確認を行い、当該住宅改修費の支給を必要と認めた場合に、住宅改修費を支給します。

・領収証

申請者本人（被保険者）名義のもので、原本を添付。

コピーを提出する場合には必ず原本を確認。

収入印紙の貼付漏れ、発行事業者の社印または代表者印の押印漏れに注意。

・工事内訳書（請求書）

改修箇所ごとの材料費・工事手数料等の内訳がわかるもの。

・改修完了確認書

必要事項を記入のうえ、必ず「改修後写真」を添付すること。改修前写真と同じ構図で比較できるよう、改修箇所ごとに撮影し、撮影日を明示。

まとめ

・住宅改修は、事前、事後、それぞれで申請が必要です。
・手順を間違えると給付されないこともあるため、慣れないうちは市町村によく確認して進めましょう。
・市町村によって手続き等が異なる場合があるため、注意が必要です。

住宅改修事前申請書兼確認書(例)

介護保険居宅介護・介護予防住宅改修事前申請書兼確認書

フリガナ		保険者番号	
被保険者氏名		被保険者番号	
生年月日	明・大・昭　年　月　日生	性別	男・女	負担割合	1割・2割
要介護度	要支援 1・2・要介護 1・2・3・4・5		
住所	〒　電話番号 (　) －		
住宅の所有者	本人との関係 (　)		
給付受領歴	有・無	給付金額	円
改修の内容			
業者名		改修予定費	円
着工予定日	平成　年　月　日	完成予定日	平成　年　月　日

(あて先)〇〇 市 長

上記のとおり関係書類を添えて居宅介護・介護予防住宅改修費の支給を申請します。

平成　年　月　日

申請者　住 所 〇〇市

氏 名

様

上記の住宅改修申請について確認しました。申請のとおり改修してください。

平成　年　月　日　〇〇市長　印

(添付書類:住宅改修が必要な理由書、日付入り着工前写真、図面、工事見積書、借家の場合は同意書)

事前・事後とそれぞれ手続きが必要であるため注意しましょう

住宅改修費支給申請書(例)

介護保険居宅介護・介護予防住宅改修費支給申請書

フリガナ		保険者番号	
被保険者氏名		被保険者番号	
生年月日	明・大・昭　年　月　日生	性別	男・女	負担割合	1割・2割
住所	〒　電話番号 (　) －		
要介護度	要支援 1・2・要介護 1・2・3・4・5		
住宅の所有者	本人との関係 (　)		
改修の内容・箇所及び規模		業者名	
		着工日	平成　年　月　日
		完成日	平成　年　月　日
改修費用	円	領収日	平成　年　月　日

(あて先)〇 〇 市 長

上記のとおり関係書類を添えて居宅介護・介護予防住宅改修費の支給を申請します。

平成　年　月　日

申請者　住 所 〇〇市

氏 名　印

(電話　－　)

(あて先)〇〇市会計管理者

支給決定金額については、　　　　に受領委任しますので下記口座へ振り込んで下さい。

委任者　氏 名　印

捨印

注意・・申請の際に、領収証及び介護支援専門員等が作成した住宅改修が必要と認められる理由を記載した書類、完成後の状態が確認できる書類等を添付して下さい。

・・改修を行った住宅の所有者が当該被保険者でない場合は、所有者の承諾書も併せて添付して下さい。

居宅介護・介護予防住宅改修費を下記の口座に振り込んで下さい。

口座振替依頼欄	銀行 信用金庫 農協	本店 支店 出張所	種目	口座番号
	金融機関コード	店舗コード	1 普通預金 2 当座預金 3 その他	
	フリガナ			
	口座名義人			

09 課題整理総括表

POINT
課題整理総括表は、アセスメントから導かれた課題を、情報共有・多職種連携に活用するための帳票です。各項目の内容をしっかり整理しましょう。

帳票の目的・使用方法

「課題整理総括表・評価表の活用の手引き」（以下、「手引き」）には、以下のように趣旨等が説明されています。

・現在の居宅サービス計画の様式は、アセスメントの結果から課題を導き出す過程を表現するような形式となっていない。
・利用者の状態等を把握し、情報の整理・分析を通じて課題を導き出した過程を、多職種協働の場面で説明する際の一つの様式例として課題整理総括表を策定したものである。（中略）これをきっかけに多職種間の連携やOJT における助言・指導等を実施しやすくすることをねらいとしている。
・あくまでも課題を把握した経緯を概括的に表現する「まとめ表」であり、それゆえアセスメントツール等を活用した詳細な情報の収集・整理・分析は、別途行う必要がある。

運営基準で規定されている課題分析（アセスメント）は、別に行う必要があり注意が必要です。また、ケアマネジャーが課題整理総括表を作成するのはサービス担当者会議前であり、ケアプラン原案で差し支えありません。

課題整理総括表

課題整理総括表

利用者名　　　　　　　　殿　　　　　　　　作成日　　／　　／

❷ 自立した日常生活の阻害要因（心身の状態、環境等）	①	②	③
	④	⑤	⑥

❻ 利用者及び家族の生活に対する意向	

状況の事実 ※1		❶ 現在 ※2	❸ 要因※3	改善/維持の可能性※4	❹ 備考（状況・支援内容等）
移動	室内移動	自立　見守り　一部介助　全介助		改善　維持　悪化	
	屋外移動	自立　見守り　一部介助　全介助		改善　維持　悪化	
食事	食事内容	支障なし　支障あり		改善　維持　悪化	
	食事摂取	自立　見守り　一部介助　全介助		改善　維持　悪化	
	調理	自立　見守り　一部介助　全介助		改善　維持　悪化	
排泄	排尿・排便	支障なし　支障あり		改善　維持　悪化	
	排泄動作	自立　見守り　一部介助　全介助		改善　維持　悪化	
口腔	口腔衛生	支障なし　支障あり		改善　維持　悪化	
	口腔ケア	自立　見守り　一部介助　全介助		改善　維持　悪化	
服薬		自立　見守り　一部介助　全介助		改善　維持　悪化	
入浴		自立　見守り　一部介助　全介助		改善　維持　悪化	
更衣		自立　見守り　一部介助　全介助		改善　維持　悪化	
掃除		自立　見守り　一部介助　全介助		改善　維持　悪化	
洗濯		自立　見守り　一部介助　全介助		改善　維持　悪化	
整理・物品の管理		自立　見守り　一部介助　全介助		改善　維持　悪化	
金銭管理		自立　見守り　一部介助　全介助		改善　維持　悪化	
買物		自立　見守り　一部介助　全介助		改善　維持　悪化	
コミュニケーション能力		支障なし　支障あり		改善　維持　悪化	
認知		支障なし　支障あり		改善　維持　悪化	
社会との関わり		支障なし　支障あり		改善　維持　悪化	
褥瘡・皮膚の問題		支障なし　支障あり		改善　維持　悪化	
行動・心理症状(BPSD)		支障なし　支障あり		改善　維持　悪化	
介護力（家族関係含む）		支障なし　支障あり		改善　維持　悪化	
居住環境		支障なし　支障あり		改善　維持　悪化	
				改善　維持　悪化	

❺ 見 通 し ※5	❼ 生活全般の解決すべき課題（ニーズ）【案】	※6

※1 本書式は総括表でありアセスメントツールではないため、必ず別に詳細な情報収集・分析を行うこと。なお「状況の事実」の各項目は課題分析標準項目に準拠しているが、必要に応じて追加して差し支えない。
※2 介護支援専門員が収集したた客観的事実を記載する。選択肢に○印を記入。
※3 現在の状況が「自立」あるいは「支障なし」以外である場合に、そのような状況をもたらしている要因を、様式上部の「要因」欄から選択し、該当する番号（丸数字）を記入する（複数の番号を記入可）。
※4 今回の認定有効期間における状況の改善/維持/悪化の可能性について、介護支援専門員の判断として選択肢に○印を記入する。

※5 「要因」および「改善/維持の可能性」を踏まえ、要因を解決するための援助内容と、それが提供されることによって見込まれる事後の状況（目標）を記載する。
※6 本計画期間における優先順位を数字で記入。ただし、解決が必要だが本計画期間に取り上げることが困難な課題には「－」印を記入。

それぞれの欄に何を書くべきなのか、そして、項目ごとのつながり、関連性について理解しましょう

記載項目および記載要領と留意点（抜粋）

以下に、記載要領を参考にしてポイントを記載します。

❶「状況の事実」の「現在」欄

この欄は、利用者・家族との面談、関係者や他職種からの申し送り等で把握した情報（事実）に基づき、日常的にしているかを判断して、「自立」「見守り」「一部介助」「全介助」（項目によっては「支障なし」「支障あり」）のいずれかに○印を記入します。

あくまでも日常的にしているかに基づいて判断して、できるかどうかは考慮しません。例えば、同居者が実施していて「していない」場合は「全介助」、一連の動作の一部のみ介助（声かけや付き添いを除く）を受けている場合は「一部介助」を選択します。

自宅とデイサービスで状況が異なるなど、生活環境によって状況が異なる場合は、日常生活で頻度の大きい状況に基づいて判断します。褥瘡（じょくそう）・皮膚の問題や行動・心理症状（BPSD）等、現在は顕在化していないもののリスクが大きいと判断する場合は「支障あり」を選択します。

❷「自立した日常生活の阻害要因（心身の状態、環境等）」欄

収集した情報に基づき、利用者の自立を阻害している要因、特に「状況の事実」の「現在」欄で、「自立」「支障なし」以外が選択されている項目の要因を分析し、最大6 項目程度に絞り込み、「自立した日常生活の阻害要因」欄に記載します。本欄の番号は便宜的な通し番号であり、優先順位を示したものではありません。

なお、疾患そのものというより、疾患に応じた療養や健康管理が不十分な状況が生活に影響を及ぼすので、本欄には疾患名だけでなく、疾患に応じた療養や健康管理等も含めて整理して、必要に応じて記載することが望ましいでしょう。

❸「状況の事実」の「要因」欄

「状況の事実」の「現在」欄で、「自立」「支障なし」以外を選択した項目は、その要因として考えられるものを「自立した日常生活の阻害要因（心身の状態、環境等）」欄から選択し、その記載した番号を記入します。要因が複数の場合、複数の番号を記載しても構いません。

❹「備考（状況・支援内容等）」欄

この欄には、「状況の事実」欄の「現在」「改善／維持の可能性」に関して補足すべき情報を記入します。例えば、「現在」欄で「支障あり」とした場合、その具体的な内容を補記するといったことが考えられます。

❺「見通し」欄

本欄には、「利用者の自立した日常生活を妨げている要因」の解決に向けて、当該ケアプランの短期目標の期間を見据えて、「どのような援助を実施することで」「状況がどう変化することが見込まれるか」（「現在」の状況がどんな状態に至る見込みか）を記入します。

❻「利用者及び家族の生活に対する意向」欄

利用者・家族との面談等を通じて把握した利用者および家族が望む生活の意向のうち、課題を抽出するうえで重要と思われる情報を整理して、簡単に記します。

❼「生活全般の解決すべき課題（ニーズ）【案】」欄

「見通し」欄の内容を踏まえて記入します。利用者・家族等からの聞き取りにより、「利用者が望む生活」を把握できていることが前提です。

課題整理総括表に限りませんが、帳票を作成したり読んだりするときには、どの項目に何を書くべきなのかということと、項目ごとのつながりを意識するようにすると、帳票本来の目的を達することにつながります。意味もわからず、ただ埋めていくだけ、ただ字面を追うだけの作業だと、目的を達することができないうえに、仕事も面白くないものになってしまうでしょう。

まとめ

- 課題整理総括表は、利用者の状態等を把握し課題を導き出した過程を、多職種協働の場面で説明する際の様式例です。
- 課題を把握した経緯を概括的に表現する「まとめ表」であり、アセスメントツール等を活用した課題分析は別途行う必要があります。

10 評価表

POINT
ケアプランで設定した短期目標の達成状況を評価し、モニタリングの結果、効果的なケアプランの見直しとなるように、評価表の活用の仕方を学びましょう。

帳票の目的

「課題整理総括表・評価表の活用の手引き」（以下、「手引き」）には、以下のように趣旨が説明されています。

・ケアプランに位置づけたサービスについて、短期目標に対する達成度合いを評価するとともに、必要に応じて各サービスの担当者の役割を見直す契機とし、モニタリングの結果が、より効果的なケアプランの見直しに資するものとなるよう、評価表を策定したものである。

帳票の使用方法

同じく、「手引き」には以下の記載があります。

・評価表は、利用者等の意向を踏まえつつ、生活全般の解決すべき課題（ニーズ）を解決するため、介護支援専門員がケアプランに掲げた短期目標を達成するために位置付けたサービスについて、短期目標の達成状況を確認するものであり、目標の期間が終了した際に、サービスの担当者等とともに、目標の達成に向けてサービスを提供できたかどうかを振り返ることを目的としている。

評価表

評 価 表

利用者名 ＿＿＿＿＿＿＿＿ 殿 ❶　　　　作成日　　／　　／

短期目標	（期間）	援助内容			結果 ※2 ❷	❸ コメント（効果が認められたもの／見直しを要するもの）
		サービス内容	サービス種別	※1		

※1「当該サービスを行う事業所」について記入する。 ※2 短期目標の実現度合いを 5 段階で記入する（◎：短期目標は予想を上回って達せられた、○：短期目標は達せられた（再度アセスメントして新たに短期目標を設定する）、△：短期目標は達成可能だが期間延長を要する、×1：短期目標の達成は困難であり見直しを要する、×2：短期目標だけでなく長期目標の達成も困難であり見直しを要する）

各サービス担当者とともに、情報共有しながら評価することで多職種協働を効果的に行うツールとして活用できますつまり、短期目標の期間が終了する際に、短期目標の達成状況を確認する目的で本帳票を活用することになります。

帳票の留意点や使用上の工夫

同じく、「手引き」には、以下の記載があります。

> ・現行のケアプランでは、このような様式が定められていないことから、目標の期間が終了した際に、介護支援専門員がケアプランに位置付けたサービスの適切な評価が行われることなく、ケアプランを見直した後も漫然と同様のサービスを提供し続けてしまうこともありうる。

毎月のモニタリングで同趣旨の内容を行うケアマネジャーも多いと思いますが、様式が定められていないこともあり、本帳票が策定されました。

> ・なお、評価表の活用にあたって重要なことは、介護支援専門員が一人で評価するのではなく、サービスの担当者等とともに情報共有しながら評価することにより多職種協働によるチームケアを効果的なものとしていくためのツールとして活用することである。

この点も、評価表を活用するうえで重要なポイントになります。

記載項目および記載要領と留意点（抜粋）

❶「短期目標と期間・援助内容」欄

ケアプラン第２表に記載されている短期目標と期間、援助内容（サービス内容、サービス種別、事業所名）を転記します。

❷「結果」欄

ケアマネジャー自身がモニタリング訪問で把握した状況や、個別サービスを提供している事業者からの報告等を踏まえ、短期目標の達成状況を評価して該当する記号を記入します。短期目標の達成状況と記号の凡例は右頁のとおりです。

なお、生活の維持に必要な援助を使い続けることを見込んでいる場合（例えば、

短期目標の達成状況	記号
短期目標は予想を上回って達せられた（より積極的な目標を設定できる可能性がある）	◎
短期目標は達せられた （再度アセスメントして新たに短期目標を設定する）	○
期間延長を要するが、短期目標の達成見込みはある	△
短期目標の達成は困難であり見直しを要する	×1
短期目標だけでなく長期目標の達成も困難であり見直しを要する	×2

「～の状況を維持できる」といった内容の短期目標の場合）、そのケアプランの周期で状況が維持されているならば「○」（短期目標は達せられた）を記入し、再アセスメントの結果、生活の状況に大きく変化がなければ、同様の短期目標を次のケアプランでも再設定します。

❸「コメント（効果が認められたもの／見直しを要するもの）」欄

ケアマネジャー自身がモニタリング訪問で把握した状況、サービス事業者からの報告事項、主治医意見書での指摘事項等を踏まえ、短期目標の達成状況の判断（「結果」欄に記載した内容）の根拠となる状況や次のケアプランの策定に当たり留意すべき事項を簡単に記します。

結果欄が◎～×のいずれであったとしても、その要因をケアチームで共有することが求められます。本様式を活用して、何が短期目標の実現に影響を与えたかを総括して、その結果を踏まえて、改めて情報収集と分析を行い、次のケアプランに反映することが重要です。

まとめ

- 評価表は、短期目標について、目標の期間が終了した際に、目標の達成に向けてサービスを提供できたかどうかを振り返ることを目的としています。
- ケアマネジャーが一人で評価するのではなく、サービスの担当者等とともに情報共有しながら評価することにより、多職種協働によるチームケアを効果的なものとしていくためのツールとして活用しましょう。

11 高額介護サービス・負担限度額関連

POINT
高額介護サービス費と特定入所者介護サービス費等について、制度の内容も含めて理解できるようにしましょう。

高額介護（介護予防）サービス費

１か月の世帯全体の利用者負担合計額が表の上限額を超える場合、上限額超過分が償還払いとなります。世帯の合計額なので、世帯内に複数の介護サービス利用者がいる場合はその合計となります。

所得区分	負担上限額（月額）
現役並み所得相当	44,400円（世帯）
一般	44,400円（世帯）
市町村民税非課税等	24,600円（世帯）
年金収入80万円以下等	15,000円（個人）

申請書に必要事項を記入のうえ、市町村に提出します。なお、一度申請した方は以後の手続きが不要となる市町村も多いです。また、福祉用具購入費、住宅改修費、食費や居住費等は対象になりません。

高額医療合算介護（介護予防）サービス費

世帯内で、１年間（前年８月～当年７月）の医療保険と介護保険の自己負担額の合計が限度額を超えた場合、その超過額が支給されます。自己負担額は、原則、介護サービスや医療行為を利用した際に支払う金額ですが、食費や差額ベッド代、居住費（滞在費）などは支給対象となりません。交付申請書に必要事項を記入のうえ、市町村に提出しましょう。

高額介護(介護予防)サービス費支給申請書(例)

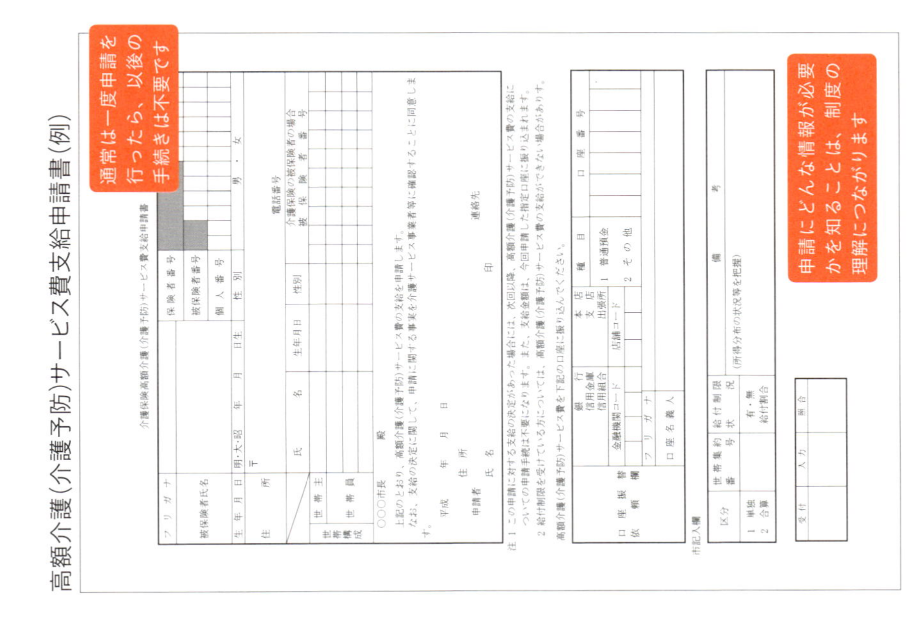

介護保険高額介護(介護予防)サービス費支給申請書

フリガナ		保険者番号	
被保険者氏名		被保険者番号	
		個人番号	
生年月日	明・大・昭　年　月　日生	性別	男・女
住所	〒	電話番号	

世帯構成		氏名	生年月日	性別	介護保険の被保険者の場合 被保険者番号
	世帯主				
	世帯員				

○○○市長　殿

上記のとおり、高額介護(介護予防)サービス費の支給を申請します。
なお、支給の決定に関して、申請に関する事実を介護サービス事業者等に確認することに同意します。

平成　年　月　日

申請者　住所　　連絡先
　　　　氏名　　印

注 1 この申請に対する支給の決定があった場合には、次回以降、高額介護(介護予防)サービス費の支給についての申請手続は不要になります。また、支給金額は、今回申請した指定口座に振り込まれます。
2 給付制限を受けている方については、高額介護(介護予防)サービス費の支給ができない場合があります。

高額介護(介護予防)サービス費を下記の口座に振り込んでください。

口座振替依頼欄	銀行・信用金庫・信用組合	本店・支店・出張所	種目	口座番号
	金融機関コード	店舗コード	1 普通預金 2 その他	
	フリガナ			
	口座名義人			

市記入欄

世帯集約番号	給付制限状況	備考 (所得分布の状況等を把握)
区分 1 単独 2 合算	有・無 給付割合	

受付	入力	照合

高額介護合算療養費等支給申請書兼自己負担額証明書交付申請書(例)

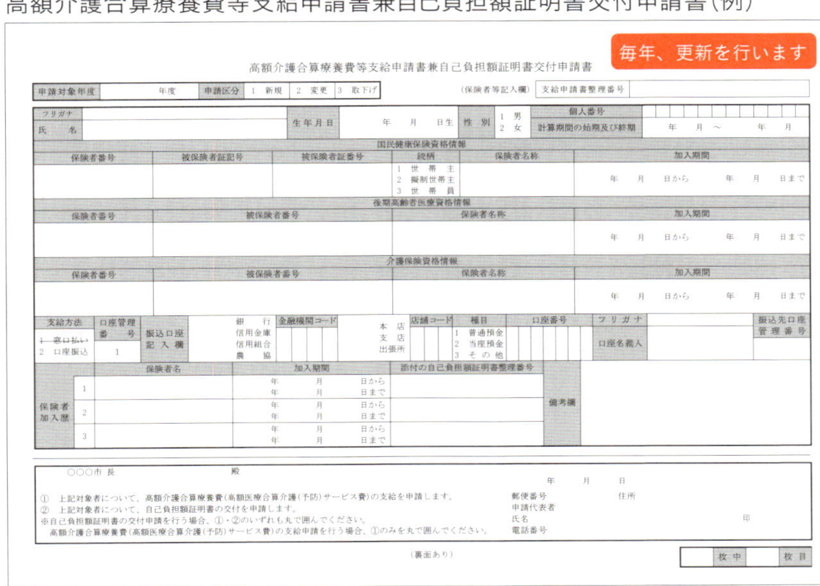

高額介護合算療養費等支給申請書兼自己負担額証明書交付申請書

申請対象年度	年度	申請区分	1 新規　2 変更　3 取下げ

(保険者等記入欄)　支給申請書整理番号

フリガナ		生年月日	年　月　日生	性別	1 男 2 女	個人番号	
氏名						計算期間の始期及び終期	年　月 ～　年　月

国民健康保険資格情報

保険者番号	被保険者証記号	被保険者証番号	続柄	保険者名称	加入期間
			1 世帯主 2 擬制世帯主 3 世帯員		年　月　日から　年　月　日まで

後期高齢者医療資格情報

保険者番号	被保険者番号	保険者名称	加入期間
			年　月　日から　年　月　日まで

介護保険資格情報

保険者番号	被保険者番号	保険者名称	加入期間
			年　月　日から　年　月　日まで

支給方法	口座管理番号	振込口座記入欄	銀行・信用金庫・信用組合・農協	金融機関コード	本店・支店・出張所	店舗コード	種目	口座番号	フリガナ	振込先口座管理番号
~~1 窓口払い~~ 2 口座振込	1						1 普通預金 2 当座預金 3 その他		口座名義人	

保険者加入歴		保険者名	加入期間	添付の自己負担額証明書整理番号	備考欄
	1		年　月　日から 年　月　日まで		
	2		年　月　日から 年　月　日まで		
	3		年　月　日から 年　月　日まで		

○○○市長　殿

年　月　日

① 上記対象者について、高額介護合算療養費(高額医療合算介護(予防)サービス費)の支給を申請します。
② 上記対象者について、自己負担額証明書の交付を申請します。
※自己負担額証明書の交付申請を行う場合、①・②のいずれも丸で囲んでください。
高額介護合算療養費(高額医療合算介護(予防)サービス費)の支給申請を行う場合、①のみを丸で囲んでください。

郵便番号　住所
申請代表者
氏名　印
電話番号

(裏面あり)

	枚中		枚目

特定入所者介護（介護予防）サービス費

施設入所した場合の食費や居住費（滞在費）が引き下げられます。ただし、次の場合は該当しません（ショートステイ利用も含む）。

・配偶者（世帯の同一は問わない）が市区町村民税を課税されている。

・預貯金等の金額が、計2,000万円（配偶者有）、計1,000万円（配偶者無）を超える（本人の申告で判定。金融機関への照会も行う）。

申請書に必要事項を記入のうえ、通帳等の写しを添えて、市町村に提出します。認定されると「介護保険負担限度額認定証」が発行されます。

利用者負担限度額（日額）一覧表

対象者区分	食費	部屋の種類	居住費（滞在費）
・老齢福祉年金受給者で世帯全員が市民税非課税の方 ・生活保護受給者	300円	ユニット型個室 ユニット型準個室 従来型個室（特養型） 従来型個室（老健・療養等） 多床室	820円 490円 320円 490円 0円
・世帯全員が市民税非課税で課税年金収入額、非課税年金収入額（遺族年金・障害年金）及び合計所得金額の合計が80万円以下の方	390円	ユニット型個室 ユニット型準個室 従来型個室（特養型） 従来型個室（老健・療養等） 多床室	820円 490円 420円 490円 370円
・世帯全員が市民税非課税で上記以外の方	650円	ユニット型個室 ユニット型準個室 従来型個室（特養型） 従来型個室（老健・療養等） 多床室	1,310円 1,310円 820円 1,310円 370円

・高額介護サービス費は、1か月の世帯全体の利用者負担合計額が上限額を超える場合に、超過分が償還払いされるものです。

・高額医療合算介護サービス費は、世帯内で、1年間の医療保険と介護保険の自己負担額合計が限度額を超えた場合、その超過額が支給されるものです。

・特定入所者介護サービス費は、施設入所した場合の食費や居住費（滞在費）が引き下げられるものです。

まとめ

介護保険負担限度額認定申請書(例)

介護保険負担限度額認定申請書　　裏面もご記入ください

平成　年　月　日

（あて先）〇〇市長

以下のとおり食費、居住費に係る負担限度額認定の申請をします。なお、申請に係る決定のために必要な場合、私の世帯の世帯主及び世帯員の市町村民税に関する課税資料を確認されることに同意します。

フリガナ		被保険者番号	
被保険者氏名	印	個人番号	
生年月日	明・大・昭　年　月　日生	性別	男・女
住所	連絡先（　）－		
入所（院）した介護保険施設の所在地及び名称（※）	連絡先（　）－		
入所（院）年月日（※）	昭・平　年　月　日	（※）介護保険施設に入所（院）していない場合及びショートステイを利用している場合は、記入不要です。	

配偶者の有無	有・無	左記において「無」の場合は、以下の「配偶者に関する事項」については、記載不要です。	
配偶者に関する事項 フリガナ			
氏名			
生年月日	明・大・昭　年　月　日生	個人番号	
住所	（□被保険者の住所と同じ）　連絡先（　）－		
本年1月1日現在の住所（現住所と異なる場合）			
課税状況	市町村民税　課税・非課税		

収入について

- □ 生活保護受給者／市町村民税世帯非課税である老齢福祉年金受給者
- □ 市町村民税世帯非課税者であって、課税年金収入額と合計所得金額と【遺族年金（※）・障害年金】収入額の合計額が年額８０万円以下です。（受給している年金に〇をつけてください）
  （※）寡婦年金、かん夫年金、母子年金、準母子年金、遺児年金を含みます。以下同じ。
- □ 市町村民税世帯非課税者であって、課税年金収入額と合計所得金額と【遺族年金・障害年金】収入額の合計額が年額８０万円を超えます。（受給している年金に〇をつけてください）

受給している全ての年金の保険者に〇をつけてください　日本年金機構　地方公務員共済　国家公務員共済　私学共済

資産について

- □ 預貯金、有価証券等の金額の合計が、１，０００万円（夫婦は２，０００万円）以下です。

現金及び預貯金額	①　円	有価証券（評価概算額）	②　円	負債	③　円

※　資産については、裏面申告書に記載の上、預貯金、有価証券、負債にかかる通帳等の写しを添付してください。
※　上記に記載した金額については、裏面の資産申告額の各項目の合計と同額となるように記載してください。

注意事項
（１）この申請書における「配偶者」については、世帯分離をしている配偶者又は内縁関係の者を含みます。
（２）預貯金等については、同じ種類の預貯金等を複数保有している場合は、そのすべてを記入してください。
（３）書き切れない場合は、余白に記入するか又は別紙に記入の上添付してください。
（４）虚偽の申告により不正に特定入所者介護サービス費等の支給を受けた場合には、介護保険法第２２条第１項の規定に基づき、支給された額及び最大２倍の加算金を返還していただくことがあります。

同意書

介護保険負担限度額認定のために必要があるときは、官公署、年金保険者又は銀行、信託会社その他の関係機関（以下「銀行等」という。）に私及び私の配偶者（内縁関係の者を含む。以下同じ。）の課税状況及び保有する預貯金並びに有価証券等の残高について、報告を求めることに同意します。
また、市長の報告要求に対し、銀行等が報告することについて、私及び私の配偶者が同意している旨を銀行等に伝えて構いません。

平成　年　月　日
＜本人＞　住所　氏名　印
＜配偶者＞　住所　氏名　印

※申請者が被保険者本人の場合には、下記について記載は不要です。

申請者氏名		連絡先（自宅・勤務先）	
申請者住所		本人との関係	

課税や資産の状況について確認されます

資産の詳細について(例)

資産の詳細について

預貯金及び現金

番号	金融機関名	支店名	対象	預貯金額	市確認欄
1			本・配	円	
2			本・配	円	
3			本・配	円	
4			本・配	円	
5			本・配	円	
6			本・配	円	
7			本・配	円	
8			本・配	円	
現金（合計欄ではありません）		被保険者（本人）		円	
		配偶者等		円	
合計			①	円	

有価証券等

番号	種類	対象	評価概算額	市確認欄
1		本・配	円	
2		本・配	円	
3		本・配	円	
4		本・配	円	
5		本・配	円	
合計		②	円	

負債

番号	名目	対象	残高	市確認欄
1		本・配	円	
2		本・配	円	
3		本・配	円	
合計		③	円	

※預貯金、有価証券、負債にかかる通帳等の写しを提出してください。
※負債については、添付資料を確認し、預貯金等から差し引きます。

一宮市記入欄

旧　生　老　介　支　給　　①＋②－③　　段階

本人　課・非・未申告
家族　課・非・未申告
配偶者（別世帯）課・非・未申告
資産　該当・非該当（単身1,000万・夫婦2,000万）

確認1　確認2　入力

非課税年金	本人の申告	有・無	データ	有・無	照会	要・不要	確認日	／

12 主治医への報告文書

POINT
医療との連携に関する帳票です。帳票の内容を工夫するとともに、連携上必要となるポイントを押さえましょう。

帳票の目的

本帳票は、主治医に対して、ケアマネジャーから利用者の生活状況や介護サービスの利用状況を報告するための様式です。法定の様式は定められていません。

主治医の多くは、利用者にかかわるのは月１、２回の診療の機会しかないため、ケアマネジャーが介護・生活に関する専門職として、モニタリング等を通して得た情報を主治医と共有することが大切です。

帳票の使用方法

報告書の中身としては、「利用中の介護サービス（種別、事業所名、利用回数等）」、モニタリング項目として、「自立度等スケール／健康状態／ ADLの状態／認知症の状態／アクティビティ、生活機能訓練／ご自宅での様子／その他」、そして「要介護認定期間」などとしていますが、任意の様式なので項目の改変は自由裁量です。必要な項目については、主治医に相談して加えることも、連携においては重要となります。

報告書は、主治医と面談して渡すことが望ましいですが、多忙でもあるため、まずは受付を通して提出することが一般的でしょう。

主治医への報告文書(例)

〇〇医院　□□先生　御侍史

平素は格別のご高配を賜り、深く御礼申し上げます。
担当させていただいております(　　　　様)について、〇月のご家庭での生活状況、介護サービスの利用状況をご報告させていただきます。

利用中の介護サービス		
サービス種別	事業所名	利用回数等

利用状況(モニタリング)	
日常生活自立度 長谷川式スケール	障害:　　認知症:　　長谷川式　　点(　　　実施)
健康状態	改善 ・ 変化なし(維持) ・ 悪化 (　　　　　　　)
ADLの状態	改善 ・ 変化なし(維持) ・ 悪化 (　　　　　　　)
認知症の状態	改善 ・ 変化なし(維持) ・ 悪化 (　　　　　　　)
アクティビティ 生活機能訓練	
ご自宅での様子	
その他	

ケアマネジャーが介護・生活に関する専門職として、モニタリング等を通して得た情報を主治医と共有しましょう

要介護認定期間	要介護　平成　年　月　日～平成　年　月　日

上記のサービス内容や療養状況などについてご不明な点やご意見などがございましたら、ご多忙中大変恐縮ではありますが、下記担当者までご連絡いただけましたら幸いに存じます。
今後ともご指導・ご鞭撻のほど、よろしくお願いいたします。

居宅介護支援〇〇
担当者
TEL:
FAX:
作成日:平成　年　月　日

帳票の留意点や使用上の工夫

報告の頻度は、基本的には毎月を想定していますが、業務量として負担がある場合は３～６か月に１回などと決めてもよいでしょう。また、主治医と連携する必要性の高い利用者から始めるのも有効な方法です。

さらに、主治医の立場にたつと、要介護認定の更新時に主治医意見書を書く際の資料として活用してもらえるメリットもあります。利用者の自宅での日常生活の様子や身体の状態等、主治医が診察・診療の機会では把握することが難しい情報を知ってもらえる帳票となるよう、内容をブラッシュアップさせていくことも常時検討できるとよいでしょう。

また、運営基準には、医療サービスとの連携について次のように定められています。

> 指定居宅介護支援は、要介護状態の軽減又は悪化の防止に資するよう行われるとともに、医療サービスとの連携に十分配慮して行われなければならない。

よって、本帳票を保管しておくことは、医療サービスとの連携の証明にもなります。こうした観点で、本帳票を取り扱うようにしましょう。

選ばれる居宅介護支援事業所となるために

地域差があるとはいえ、居宅介護支援事業所の数は増加傾向にあります。相当な数があるため、主治医から見た場合、患者に紹介するときに、どの居宅介護支援事業所が良いのか、わかりづらいものです。

そんなときに、連絡を密にとってくれる居宅介護支援事業所、情報共有がスムーズな居宅介護支援事業所があれば、重宝されるのではないでしょうか？　そして、それはもちろん、利用者・家族のよりよい生活のためにも役立つものです。

他のサービス事業者への報告書として活用

本項では、主治医への報告文書として本帳票を紹介しましたが、同じような書式で、他のサービス事業者への報告書として活用することも可能です。

通常、ケアマネジャーのもとには、毎月、各サービス事業者から報告が来ます。ケアマネジャーはそれをとりまとめて、利用者・家族の状況を把握しますが、他のサービス事業者は自らが把握した情報しか把握していない場合が多いものです。

ケアマネジャーはハブ（中継拠点）としての機能を発揮するうえでも、各サービス事業者から得た情報をまとめて各サービス事業者に返すということも、情報共有、チームケアにおいては大変有効な方法だと考えます。同じ帳票を作成するのであれば、主治医に送るのと同時に、各サービス事業者に送っても手間は増えないのではないでしょうか。

“利用者と話すのは好きだけれど書類は嫌い”というケアマネジャーがいます。そんな方には、「面談時にモニタリングシートも持っていき、そこで書くのはどうですか？」と提案したいです。面談しながらモニタリング用紙や本項で紹介した医師への報告書も同時に記入する。つまり、面談と書類業務を同時にやってしまおう、ということです。面談で聞くことの多くは、書類の内容と一致するものも少なくないはずです。こうした方法は、面談の質の向上にもつながるでしょう。

まとめ

- 本帳票は、主治医に対して、ケアマネジャーが利用者の自宅での生活状況やサービスの利用状況を報告するためのものです。
- 任意の様式なので項目の改変は自由裁量となります。必要な項目を主治医に相談して加えることも、連携を深めるうえで重要です。
- 本帳票は、医療サービスとの連携の証しになるので、しっかり保管しましょう。

他サービス・周辺制度で作成・確認する書類

3

CONTENTS

01 個別サービス計画書等

POINT
ケアマネジャーとして、各サービス事業者との連携の基本となる帳票です。内容を再確認して、必要に応じて連絡・調整を行いましょう。

個別サービス計画書

「居宅サービス計画書（2）」に位置づけられたサービス事業所は、ケアプランに基づき個別サービス計画を作成し、利用者の同意を得ることが求められています。

居宅介護支援事業所のケアマネジャーは、ケアプランと個別サービス計画との連動性を高め、サービス事業者との意識共有を図ることが重要です。このため、担当者に個別サービス計画の提出を求めて、ケアプランと個別サービス計画の連動性や整合性について、確認することが求められています。

提出された個別サービス計画をファイリングして保管するだけでなく、きちんと内容も確認しましょう。個別サービス計画には、各事業者のケアに対する創意工夫が書き込まれているからです。

運営基準の解釈通知には、以下のような記載があります。

> サービス担当者会議の前に居宅サービス計画の原案を担当者に提供し、サービス担当者会議に個別サービス計画案の提出を求め、サービス担当者会議において情報の共有や調整を図るなどの手法も有効である。

義務ではありませんが、こうした方法が提案されていることも知っておきましょう。

(地域密着型)通所介護計画書

【(地域密着型)通所介護計画書】

作成日：	年　月　日	前回の作成日：	年　月　日	計画作成者：					
ふりかなが		性別	生年月日	介護認定	管理者	看護	介護	機能訓練	相談員
氏名			年　月　日生						

通所介護利用までの経緯（活動歴や病歴）	本人の希望	障害老人の日常生活自立度								
		正常	J1	J2	A1	A2	B1	B2	C1	C2
	家族の希望	認知症老人の日常生活自立度								
		正常	Ⅰ	Ⅱa	Ⅱb	Ⅲa	Ⅲb	Ⅳ	M	

健康状態（病名、合併症（心疾患、呼吸器疾患等）、服薬状況等）	ケアの上での医学的リスク（血圧、転倒、嚥下障害等）・留意事項

自宅手での活動・参加の状況（役割など）

利用目標			
長期目標：　年　月		目標 達成度	達成　・　一部　・　未達
短期目標：　年　月		目標 達成度	達成　・　一部　・　未達

サービス提供内容						
	目的とケアの提供方針・内容	評価			迎え　（有・無）	
		実施	達成	効果、満足度など	プログラム（1日の流れ）	
①	月　日～　月　日	実施／一部／未実施	達成／一部／未実施		（予定時間）	（サービス内容）
②	月　日～　月　日	実施／一部／未実施	達成／一部／未実施			
③	月　日～　月　日	実施／一部／未実施	達成／一部／未実施			
④	月　日～　月　日	実施／一部／未実施	達成／一部／未実施		送り　（有・無）	

特記事項	実施後の変化（総括）　再評価日：　年　月　日

上記計画の内容について説明を受けました。		上記計画書に基づきサービスの説明を行い 内容に同意いただきましたので、ご報告申し上げます。
年　月　日		年　月　日
ご本人氏名：		介護支援専門員様／事業所様
ご家族氏名：		

(地域密着型)通所介護　○○○	〒　000-00000	住所：	管理者：
事業所No.　0000000000000000	Tel.　000-000-0000	FAX.　000-000-0000	説明者：

一般に、個別サービス計画書は様式が示されていませんが、通所介護については国が提示する様式例があります

事業者からの報告書

「居宅サービス計画書（2）」に位置づけたサービス事業者からは、毎月、サービスの提供状況、利用者の状況変化等について、「サービス提供状況報告書」などの書面で報告を受けることが多いと思います。

サービス事業者側の運営基準注)には、「居宅介護支援事業者等との連携」について、以下のように定められています（囲みは、訪問介護の運営基準より抜粋）。

> 指定訪問介護事業者は、指定訪問介護を提供するに当たっては、居宅介護支援事業者その他保健医療サービス又は福祉サービスを提供する者との密接な連携に努めなければならない。

毎月の報告書はこのための業務であり、実施を証明するものでもあります。居宅介護支援側としても、サービス事業者との連携を示す帳票になりますので、内容を確認のうえ、保管しておくことが重要です。

また、利用者・家族との関係においては、月に数回しか接触しないケアマネジャーより、通所や訪問などのサービス事業者のほうが状況変化について詳しい場合が多いものです。チームケアの観点からも、サービス事業者からの情報はモニタリングに役立てるべきものといえます。

・担当者に個別サービス計画の提出を求め、ケアプランとの連動性や整合性を確認しましょう。
・サービス事業者との連携を示す帳票になるので、内容を確認のうえ、保管しておきましょう。
・チームケアの観点からも、サービス事業者からの情報をモニタリングに役立てましょう。

注）「指定居宅サービス等の事業の人員、設備及び運営に関する基準」を指す。すべてではないが、"居宅介護支援事業者等との連携"について定められているサービスがある。

サービス提供状況報告書(例)

サービス提供状況報告書

報告日　　　年　　月　　日

＿＿＿＿＿＿＿＿＿＿御中
＿＿＿＿＿＿＿＿＿＿様

○○○(訪問・通所)介護事業所　担当:

いつも大変お世話になっております。＿＿＿＿＿＿＿様に関するサービス提供状況についてご報告させて頂きます。

該当事業種:　訪問介護　介護予防訪問介護　通所介護　介護予防通所介護

サービスに対するご意見	満足	やや満足	やや不満	不満
ご本人様から				
ご家族様から				
援助全般について	達成	やや達成	未達成	
個別援助計画の短期目標達成度				
行動意欲				

	今月	前月
体重		
バイタルの変動		

	項目	状態	備考		項目	状態	備考
日常生活動作について	1:歩行	改善		食事について	1:食欲(摂取量・回数など)	改善	
		維持				維持	
		悪化				悪化	
	2:移乗・移動	改善			2:食べやすさ(咀嚼・嚥下など)	改善	
		維持				維持	
		悪化				悪化	
	3:入浴動作	改善		健康全般	1:生活とリズム	改善	
		維持				維持	
		悪化				悪化	
	4:ボディチェック	改善			2:疲れやすさ	改善	
		維持				維持	
		悪化				悪化	
	5:排泄行為	改善			3:口腔機能状態(衛生状況など)	改善	
		維持				維持	
		悪化				悪化	
その他	1:コミュニケーション	改善			4:疾病等の状況	改善	
		維持				維持	
		悪化				悪化	
		改善				改善	
		維持				維持	
		悪化				悪化	

今後の対応や提案
個別サービス計画書:　継続　見直しや変更の必要あり
ケアプランの変更:　継続　見直しや変更の必要あり
サービス担当者会議等:　開催希望
備考欄:

サービス事業者が把握する状況変化等について確認しましょう

サービス事業者からの提案についても積極的に聞きましょう。チームケアの要としてのケアマネジャーの機能が発揮できます

02 通所系サービスで活用される書類

POINT
通所介護等の機能訓練では心身機能だけでなく、活動・参加への働きかけも求められます。利用者の興味・関心の把握が重要です。

帳票の目的

通所介護の個別機能訓練開始時における情報収集では、利用者の日常生活や人生の過ごし方についてのニーズを把握するために、「興味・関心チェックシート」を参考にします。通所介護だけでなく、短期入所生活介護の個別機能訓練計画、通所リハビリテーションのリハビリテーション計画の作成時にも、同シートも参考にして作成するとされている帳票です。

帳票の活用方法

「興味・関心チェックシート」は通所系サービス事業所が作成するので目にする機会は少ないかもしれません。個別機能訓練加算Ⅰは心身機能への働きかけを中心に行いますが、個別機能訓練加算Ⅱは心身機能への働きかけだけでなく、ADLやIADL 等の活動への働きかけ、役割の創出や社会参加の実現といった参加への働きかけを行い、心身機能、活動、参加といった生活機能にバランスよく働きかけるもので、目的・趣旨が異なります。ケアマネジャーは、個別機能訓練加算Ⅰ、Ⅱの内容の違いを理解しましょう。

例えば、Ⅱは単に関節可動域訓練、筋力増強訓練といった目標ではなく、「週に1回、囲碁教室に行く」「自宅の風呂に一人で入る」等が目標となり得るものとされます。こうした目標を立案するためにも、本帳票を参考にしましょう。

興味・関心チェックシート

興味・関心チェックシート

生活行為	している	してみたい	興味がある	生活行為	している	してみたい	興味がある
自分でトイレへ行く				生涯学習・歴史			
一人でお風呂に入る				読書			
自分で服を着る				俳句			
自分で食べる				書道・習字			
歯磨きをする				絵を描く・絵手紙			
身だしなみを整える				パソコン・ワープロ			
好きなときに眠る				写真			
掃除・整理整頓				映画・観劇・演奏会			
料理を作る				お茶・お花			
買い物				歌を歌う・カラオケ			
家や庭の手入れ・世話				音楽を聴く・楽器演奏			
洗濯・洗濯物たたみ				将棋・囲碁・麻雀・ゲーム等			
自転車・車の運転				体操・運動			
電車・バスでの外出				散歩			
孫・子供の世話				ゴルフ・グラウンドゴルフ・水泳・テニスなどのスポーツ			
動物の世話				ダンス・踊り			
友達とおしゃべり・遊ぶ				野球・相撲等観戦			
家族・親戚との団らん				競馬・競輪・競艇・パチンコ			
デート・異性との交流				編み物			
居酒屋に行く				針仕事			
ボランティア				畑仕事			
地域活動（町内会・老人クラブ）				賃金を伴う仕事			
お参り・宗教活動				旅行・温泉			
その他（　　　　）				その他（　　　　）			
その他（　　　　）				その他（　　　　）			

ケアプランの目標を考えるうえで参考にしましょう

帳票の留意点や使用上の工夫

業務の手順としては、ケアマネジャーがケアプランを作成して、その計画に基づき、通所介護等の事業者が個別サービス計画を作成する流れとなります。ただし、個別機能訓練に関する目標やサービス内容は、ケアマネジャーがケアプラン原案を作成する段階から、通所介護事業者と情報を共有し、相談・検討する方法も有効といえるでしょう。

「興味・関心チェックシート」は、通所介護の機能訓練指導員等が自宅を訪問し、利用者や家屋の状況を把握したうえで作成します。同シートから得られる情報は、ケアプランの「目標」を考える際に重要な内容となります。「歩けるようになる」といった目標ではなく、「歩けるようになったら何をする？」という質問に答える内容ということです。より個別的で、より意欲を喚起する目標設定のためにも、通所介護等との連携は欠かせません。

右頁の「個別機能訓練計画書」についても、運動時のリスクや在宅環境、プログラム内容とその留意点等、共有しておくべき内容が盛り込まれています。通所介護側には個別機能訓練計画を提出する義務はありませんが、ケアマネジャーは、よりよいケアのために確認させてもらうという、積極的な関わりが求められるでしょう。

- 「興味・関心チェックシート」は、通所介護の個別機能訓練開始時におけるニーズ把握・情報収集として使用します。
- ケアプランの「目標」を考えるうえでも、「興味・関心チェックシート」から得られる情報を有効に活用しましょう。
- 運動時のリスクや在宅環境などが記された「個別機能訓練計画書」も知っておきたい内容が詰まっています。確認させてもらうと参考になるでしょう。

個別機能訓練計画書

【個別機能訓練計画書】

作成日 平成 年 月 日		前回作成日 平成 年 月 日		計画作成者				
ふりがな	性別	生年月日	介護認定	管理者	看護	介護	機能訓練	相談員
氏名		昭和 年 月 日生						

本人の希望	家族の希望	障害老人の日常生活自立度 □正常 □J1 □J2 □A1 □A2 □B1 □B2 □C1 □C2 認知症老人の日常生活自立度 □ 正常 □ I □Ⅱa □Ⅱb □Ⅲa □Ⅲb □Ⅳ □M
病名、合併症（心疾患、呼吸器疾患等）	生活課題	在宅環境（生活課題に関連する在宅環境課題）
運動時のリスク（血圧、不整脈、呼吸等）		

個別機能訓練加算Ⅰ

長期目標 年 月		目標達成度	達成 □ ・ 一部 □ ・ 未達 □
短期目標 年 月		目標達成度	達成 □ ・ 一部 □ ・ 未達 □

	プログラム内容	留意点	頻度	時間	主な実施者
①					
②					
③					
			プログラム立案者		

運動時のリスクや在宅環境プログラム内容とその留意点等、共有しておくべき内容が盛り込まれています

個別機能訓練加算Ⅱ

長期目標 年 月		目標達成度	達成 □ ・ 一部 □ ・ 未達 □
短期目標 年 月		目標達成度	達成 □ ・ 一部 □ ・ 未達 □

	プログラム内容	留意点	頻度	時間	主な実施者
①					
②					
③					
④					

（注）目的を達成するための具体的内容を記載する。（例：買い物に行けるようになるために、屋外歩行を練習するなど）　プログラム立案者

特記事項	プログラム実施後の変化（総括） 再評価日 平成 年 月 日
上記計画の内容について説明を受けました。 平成 年 月 日	上記計画書に基づきサービスの説明を行い 内容に同意いただきましたので、ご報告申し上げます。 平成 年 月 日
ご本人氏名	介護支援専門員様／事業所様
ご家族氏名	

（地域密着型）通所介護	デイサービス ●●●●●	〒 000-00000 住所 ●●●●●●●●●●●	管理者
事業所No.	Tel. 000-000-0000 Fax. 000-000-0000		説明者

03 リハビリテーション計画書

POINT
医師とセラピストが共同で作成する計画書です。リハビリテーションに関する情報が詰まっているので、内容を把握しておきましょう。

リハビリテーション計画書の構成

リハビリテーション計画書の様式は、以下の３様式を標準として作成されます。

別紙様式１：「興味・関心チェックシート」（前項参照）
別紙様式２：「リハビリテーション計画書（アセスメント）」では、健康状態や参加状況など、リハビリテーション専門職の目で把握したことが記載されます。
別紙様式３：「リハビリテーション計画書」では、リハビリテーションの提供計画、利用中の具体的対応、また必要な場合は、他の居宅サービスとの協働内容等について記載されます。

別紙様式2「リハビリテーション計画書（アセスメント）」

「リハビリテーション計画書（アセスメント）」には、利用者・家族のニーズや希望、健康状態、心身機能・活動・参加の状況、環境因子、特記事項、活動や参加に影響を及ぼす課題、他の利用サービスなどについて記載します。

特に活動は、基本動作、ADL、IADLが確認されます。さらに利用者が希望する活動と参加に対し、能力および生活機能の予後予測を踏まえた内容も記載されるため、ケアマネジャーに有益な情報が多く含まれているといえます。

別紙様式3「リハビリテーション計画書」

別紙様式２で優先順位をつけた目標について、達成までの期間、具体的支援内容、実施者（利用者、PT、OTまたはST等）、サービス提供の予定頻度、時間および訪問の必要性が記載されます。

また、利用者の家族やケアプランに位置づけられている他のサービス事業者と利用者の居宅に訪問を行う場合、その助言内容がわかる範囲で記載されます。さらに居宅や通所施設以外でリハビリテーションを実施する場合には、その目的、内容、場所も記載することとされます。

ケアプランの内容がリハビリテーション専門職により具体的な形で表現されますので、ケアマネジャーにとっても把握しておくべきものであり、関心の高い内容でもあるといえるでしょう。

情報共有のツールとしての活用

リハビリテーション計画書は、情報提供先として位置づけられているケアマネジャーやケアプランに位置づけられているサービス事業者と、その写しを共有することも定められています。

通所リハビリテーションの事業者にもこのことをよく理解してもらい、情報共有のツールとしても活用していきましょう。

まとめ

・「リハビリテーション計画書」は、利用者が希望する活動と参加に対し、能力および生活機能の予後予測を踏まえた内容が記載される、有益な情報が詰まった帳票です。
・ケアマネジャーとサービス事業者の情報共有ツールとしても活用できます。

別紙様式2「リハビリテーション計画書(アセスメント)」

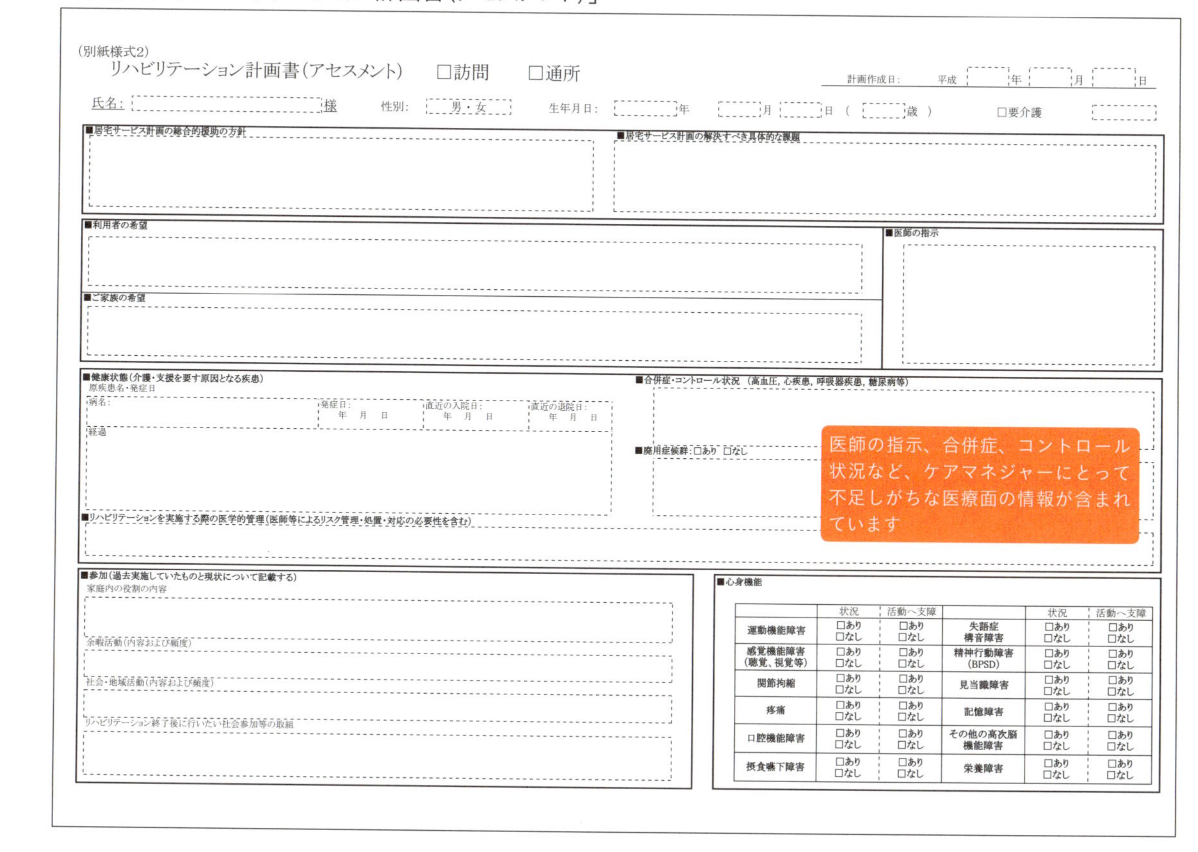

(別紙様式2)
リハビリテーション計画書(アセスメント)　□訪問　□通所

計画作成日：平成　年　月　日

氏名：　様　性別：男・女　生年月日：　年　月　日（　歳）　□要介護

■居宅サービス計画の総合的援助の方針

■居宅サービス計画の解決すべき具体的な課題

■利用者の希望

■ご家族の希望

■医師の指示

■健康状態（介護・支援を要す原因となる疾患）
原疾患名・発症日
病名：　発症日：年 月 日　直近の入院日：年 月 日　直近の退院日：年 月 日
経過

■合併症・コントロール状況（高血圧，心疾患，呼吸器疾患，糖尿病等）

■廃用症候群：□あり □なし

■リハビリテーションを実施する際の医学的管理（医師等によるリスク管理・処置・対応の必要性を含む）

■参加（過去実施していたものと現状について記載する）
家庭内の役割の内容
余暇活動（内容および頻度）
社会・地域活動（内容および頻度）
リハビリテーション終了後に行いたい社会参加等の取組

■心身機能

	状況	活動へ支障		状況	活動へ支障
運動機能障害	□あり □なし	□あり □なし	失語症 構音障害	□あり □なし	□あり □なし
感覚機能障害（聴覚、視覚等）	□あり □なし	□あり □なし	精神行動障害（BPSD）	□あり □なし	□あり □なし
関節拘縮	□あり □なし	□あり □なし	見当識障害	□あり □なし	□あり □なし
疼痛	□あり □なし	□あり □なし	記憶障害	□あり □なし	□あり □なし
口腔機能障害	□あり □なし	□あり □なし	その他の高次脳機能障害	□あり □なし	□あり □なし
摂食嚥下障害	□あり □なし	□あり □なし	栄養障害	□あり □なし	□あり □なし

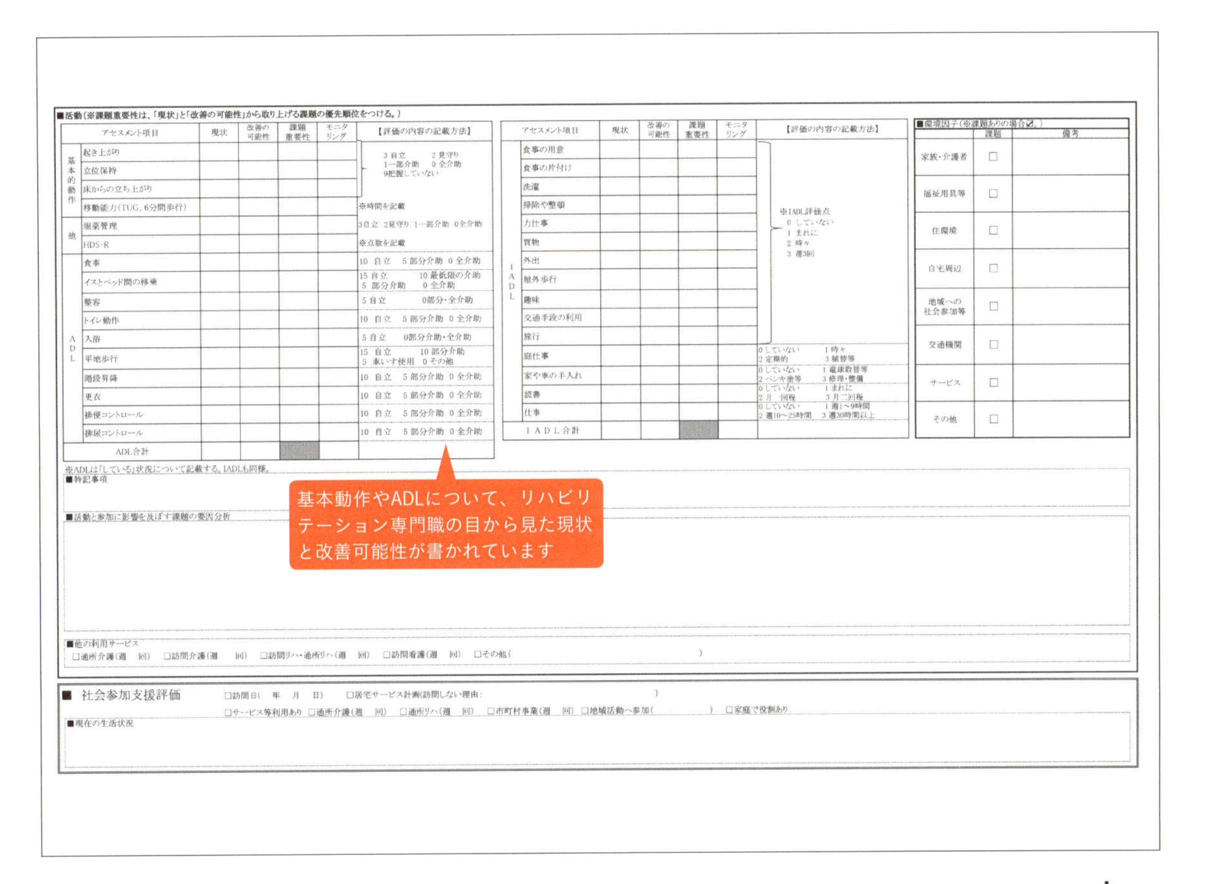

■活動（※課題重要性は、「現状」と「改善の可能性」から取り上げる課題の優先順位をつける。）

	アセスメント項目	現状	改善の可能性	課題重要性	モニタリング	【評価の内容の記載方法】
基本的動作	起き上がり					3 自立　2 見守り 1 一部介助　0 全介助 9 把握していない
	立位保持					
	床からの立ち上がり					
	移動能力（TUG、6分間歩行）					※時間を記載
他	服薬管理					3自立　2見守り　1一部介助　0全介助
	HDS-R					※点数を記載
ADL	食事					10 自立　5 部分介助　0 全介助
	イスとベッド間の移乗					15 自立　10 最低限の介助 5 部分介助　0 全介助
	整容					5 自立　0部分・全介助
	トイレ動作					10 自立　5 部分介助　0 全介助
	入浴					5 自立　0部分介助・全介助
	平地歩行					15 自立　10 部分介助 5 車いす使用　0 その他
	階段昇降					10 自立　5 部分介助　0 全介助
	更衣					10 自立　5 部分介助　0 全介助
	排便コントロール					10 自立　5 部分介助　0 全介助
	排尿コントロール					10 自立　5 部分介助　0 全介助
	ADL合計			■		

	アセスメント項目	現状	改善の可能性	課題重要性	モニタリング	【評価の内容の記載方法】
IADL	食事の用意					※IADL評価点 0 していない 1 まれに 2 時々 3 週3回
	食事の片付け					
	洗濯					
	掃除や整頓					
	力仕事					
	買物					
	外出					
	屋外歩行					
	趣味					
	交通手段の利用					
	旅行					
	庭仕事					0 していない　1 時々 2 定期的　3 植替等
	家や車の手入れ					0 していない　1 電球取替等 2 ペンキ塗等　3 修理・整備
	読書					0 していない　1 まれに 2 月一回程　3 月二回程
	仕事					0 していない　1 週1〜9時間 2 週10〜25時間　3 週30時間以上
	IADL合計			■		

■環境因子（※課題ありの場合☑。）

	課題	備考
家族・介護者	□	
福祉用具等	□	
住環境	□	
自宅周辺	□	
地域への社会参加等	□	
交通機関	□	
サービス	□	
その他	□	

※ADLは「している」状況について記載する。IADLも同様。

■特記事項

■活動と参加に影響を及ぼす課題の要因分析

■他の利用サービス
□通所介護（週　回）　□訪問介護（週　回）　□訪問リハ・通所リハ（週　回）　□訪問看護（週　回）　□その他（　　　）

■ 社会参加支援評価　□訪問日（　年　月　日）　□居宅サービス計画（訪問しない理由：　　　）
□サービス等利用あり　□通所介護（週　回）　□通所リハ（週　回）　□市町村事業（週　回）　□地域活動へ参加（　　　）　□家庭で役割あり

■現在の生活状況

基本動作やADLについて、リハビリテーション専門職の目から見た現状と改善可能性が書かれています

別紙様式3「リハビリテーション計画書」

（別紙様式３）

リハビリテーション計画書　□訪問　□通所（No.　　　　）

利用者氏名　　　　　　　　　　殿　　　作成年月日　　年　　月　　日　～ 見直し予定時期　　月 頃

□リハビリテーションマネジメントⅠ　□リハビリテーションマネジメントⅡ　　□訪問・通所頻度（　　　　）□利用時間（　　　）□送迎なし

■リハビリテーションサービス

No.	目標（解決すべき課題）	期間	具体的支援内容	（何を目的に（～のために）～をする）	頻度	時間	訪問の必要性
			□短期集中（個別）リハ □生活行為向上リハ □認知症短期集中リハⅠ・Ⅱ □理学療法 □作業療法 □言語聴覚療法 □その他（　　　）				いつ頃
			□短期集中（個別）リハ □生活行為向上リハ □認知症短期集中リハⅠ・Ⅱ □理学療法 □作業療法 □言語聴覚療法 □その他（　　　）				いつ頃
			□短期集中（個別）リハ □生活行為向上リハ □認知症短期集中リハⅠ・Ⅱ □理学療法 □作業療法 □言語聴覚療法 □その他（　　　）				いつ頃
			□短期集中（個別）リハ □生活行為向上リハ □認知症短期集中リハⅠ・Ⅱ □理学療法 □作業療法 □言語聴覚療法 □その他（　　　）				いつ頃
			□短期集中（個別）リハ □生活行為向上リハ □認知症短期集中リハⅠ・Ⅱ □理学療法 □作業療法 □言語聴覚療法 □その他（　　　）				いつ頃
					週合計時間		

提供されるリハビリテーションの内容や加算との関連も明確になります

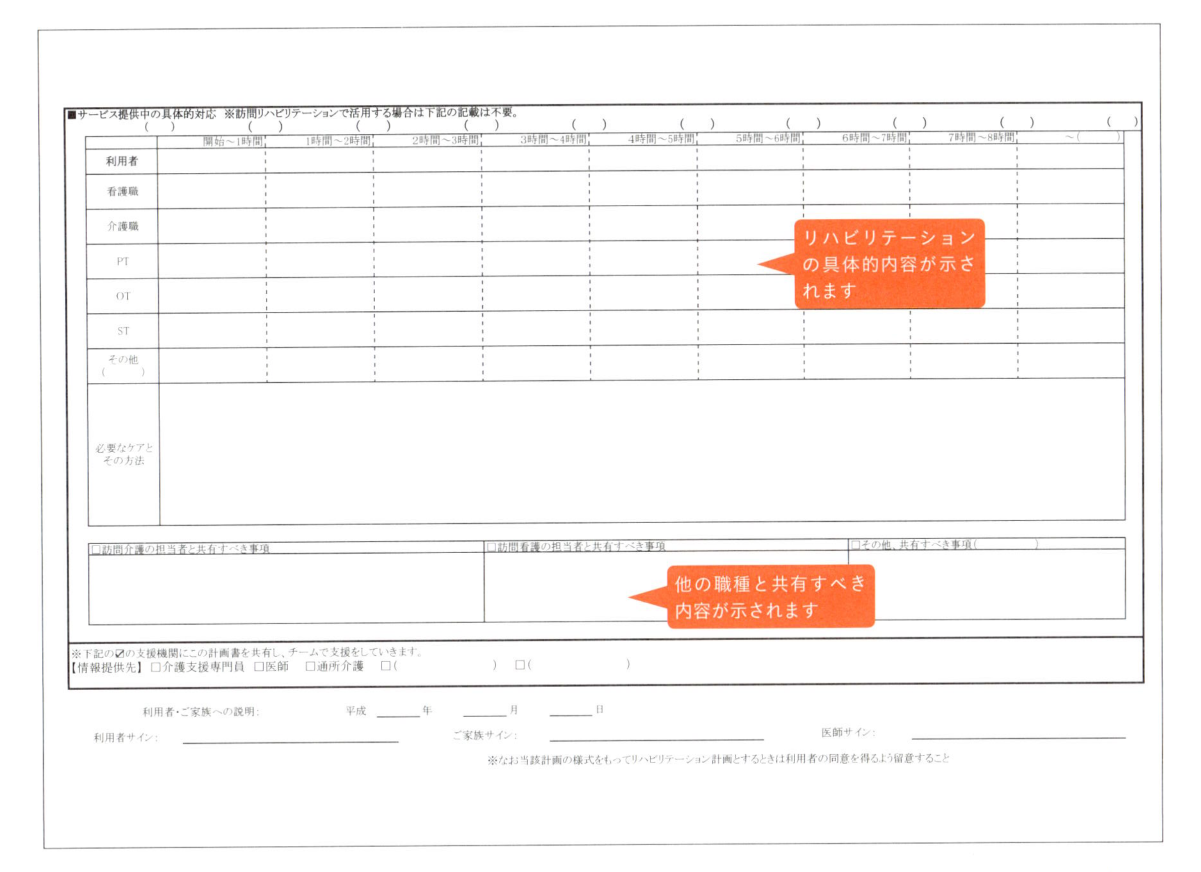

■サービス提供中の具体的対応　※訪問リハビリテーションで活用する場合は下記の記載は不要。

	開始～1時間	1時間～2時間	2時間～3時間	3時間～4時間	4時間～5時間	5時間～6時間	6時間～7時間	7時間～8時間	～（　）
	（　）	（　）	（　）	（　）	（　）	（　）	（　）	（　）	（　）
利用者									
看護職									
介護職									
PT									
OT									
ST									
その他（　）									
必要なケアとその方法									

□訪問介護の担当者と共有すべき事項	□訪問看護の担当者と共有すべき事項	□その他、共有すべき事項（　）

※下記の☑の支援機関にこの計画書を共有し、チームで支援をしていきます。
【情報提供先】□介護支援専門員　□医師　□通所介護　□（　）　□（　）

利用者・ご家族への説明：　平成＿＿年＿＿月＿＿日

利用者サイン：＿＿＿＿　ご家族サイン：＿＿＿＿　医師サイン：＿＿＿＿

※なお当該計画の様式をもってリハビリテーション計画とするときは利用者の同意を得るよう留意すること

04 病院・診療所関連

POINT
医療知識の苦手意識を解消するために、例えば、診療情報提供書がどんな帳票なのか等、基礎知識から学んではいかがでしょうか。

診療情報提供書の目的

「診療情報提供書」は一般に「紹介状」と呼ばれ、医師が医師へ向けて書く書類です。病院が変わっても継続して治療できることを目的としています。診療情報提供書には、これまでの治療内容・検査内容、飲んでいる薬等、病院が変わっても診療が続けられるための情報が含まれています。心電図や採血等の検査結果や、場合によっては、レントゲンなどの画像そのものが添付される場合もあります。

診療情報提供書の使用方法

留意しておきたいことは、診療情報提供書は医師が医師に向けて書くものであるため、医療者でない方が読むことが想定されていない点です。そのため、診療情報提供書を医療機関でない機関へ提出することはありえません。あくまでも診療のための書類という位置づけとなります。

つまり、宛名がケアマネジャーであることはほぼないと言ってよく、勝手に封を開けることはルール違反だと理解しておきましょう。通常はケアマネジャーが診療情報提供書を目にすることはないですが、例えば、“医療機関併設の居宅介護支援事業所”や“主治医等がケアマネジャーと情報を共有したい”ということで、本帳票の写しが手元にある場合もあります。このような場合、なぜケアマネジャーの手元に本帳票があるのか説明できるようにしておきましょう。

診療情報提供書（例）

一般に「紹介状」と呼ばれ、医師が医師へ向けて書く書類です

診療情報提供書

利用者氏名	様（男・女）	生年月日	M・T・S　年　月　日
利用者住所		電話番号	
傷病名	＜発症＞ H ・ S　年　月　日　不明		
	＜発症＞ H ・ S　年　月　日　不明		
	＜発症＞ H ・ S　年　月　日　不明		
	＜発症＞ H ・ S　年　月　日　不明		
＜既往歴＞			
＜病状及び経過＞			
＜服薬内容・処方内容＞			
注意・禁忌等			
特別な医療	□点滴　□経管栄養　□胃瘻　□人工肛門　□膀胱留置カテーテル □在宅酸素　□インスリン注射　□中心静脈栄養　□その他（　）		
感染症の有無	※わかる範囲でご記入お願い致します。 HCV（ ＋　－　未検）　HBS（ ＋　－　未検）　W氏（ ＋　－　未検） 疥癬（ ＋　－　未検）　MRSA（ ＋　－　未検） その他（　）		
現在の病状から訪問リハビリの実施は　（　可能　・　不可能　）　と判断する。 ＜備考＞ 中止基準などがあればご記入下さい。			
平成　年　月　日 医療機関 名称 医師氏名　印			

※血液検査、尿検査などの検査データがございましたらコピーをいただけたらありがたいです。

※この書類のために改めて検査を実施する必要はございません。

薬の情報について

医療面で重要なのが薬に関する情報です。必要に応じて、医師や薬剤師、看護職に相談するなどして、対応を確認するとよいでしょう。他職種に見せながら意見を聞くことができるので、薬に関する情報は常に把握するようにしましょう。

緊急時に別の病院にかかったり救急車を要請する場合等にも、薬の情報は役立ちます。ただし、最新の情報であることが重要なので、毎月のモニタリングの際に変更の有無を家族に確認するなど、適宜、情報を更新しておくことが大切です。

服薬支援の重要性について

自宅療養の中心は服薬といえます。月に１、２度、通院か訪問診療で医師の診察を受けるほかは、自宅での服薬治療がほとんどなのではないでしょうか。ところが、独居や、家族による支援が難しい等の事情で、「服薬管理」に課題がある方が多いのが実情です。服薬管理に問題がある方のケアプランを立てる際には、訪問看護、訪問介護等のサービス利用を考えがちですが、例えば、１日３回、食間、就寝前等の服薬ケアの確実な実施は、現実的ではありません。

副作用や飲み合わせなど、他にも課題はありますが、ケアマネジャーがかかわる機会が多いのは、決まった時間に決まった薬を飲むことの支援です。薬剤師と連携して、薬についての知識とともに、服薬管理上の工夫を教えてもらうことが大切です。服薬内容の調整等も含めて、飲みやすい時間帯への変更など、無理なく服薬が行える工夫を、医師とも連携して検討しましょう。

・「診療情報提供書」は医師が医師へ向けて書く書類です。
目的は、病院が変わっても継続して治療できることです。
・緊急時等に別の病院にかかったり救急車を
要請する場合に、薬の情報が役立ちます。
こまめに情報を更新するようにしましょう。

お薬の説明書（記載例）

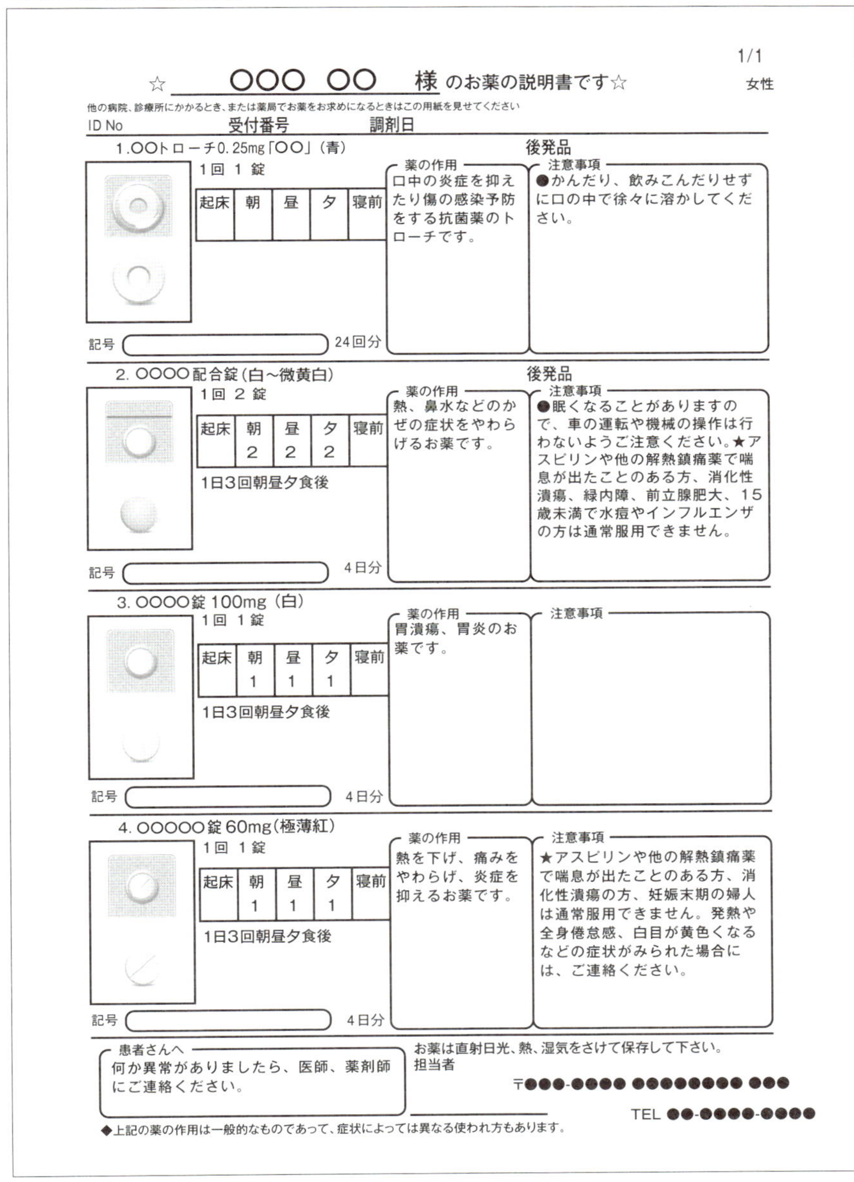

1/1

☆ ○○○ ○○ 様 のお薬の説明書です☆

女性

他の病院、診療所にかかるとき、または薬局でお薬をお求めになるときはこの用紙を見せてください

ID No　受付番号　調剤日

1.○○トローチ0.25mg「○○」（青）　後発品

1回 1 錠

起床	朝	昼	夕	寝前

記号　24回分

薬の作用：口中の炎症を抑えたり傷の感染予防をする抗菌薬のトローチです。

注意事項：●かんだり、飲みこんだりせずに口の中で徐々に溶かしてください。

2. ○○○○配合錠（白～微黄白）　後発品

1回 2 錠

起床	朝	昼	夕	寝前
	2	2	2	

1日3回朝昼夕食後

記号　4日分

薬の作用：熱、鼻水などのかぜの症状をやわらげるお薬です。

注意事項：●眠くなることがありますので、車の運転や機械の操作は行わないようご注意ください。★アスピリンや他の解熱鎮痛薬で喘息が出たことのある方、消化性潰瘍、緑内障、前立腺肥大、15歳未満で水痘やインフルエンザの方は通常服用できません。

3. ○○○○錠 100mg（白）

1回 1 錠

起床	朝	昼	夕	寝前
	1	1	1	

1日3回朝昼夕食後

記号　4日分

薬の作用：胃潰瘍、胃炎のお薬です。

注意事項

4. ○○○○○錠 60mg（極薄紅）

1回 1 錠

起床	朝	昼	夕	寝前
	1	1	1	

1日3回朝昼夕食後

記号　4日分

薬の作用：熱を下げ、痛みをやわらげ、炎症を抑えるお薬です。

注意事項：★アスピリンや他の解熱鎮痛薬で喘息が出たことのある方、消化性潰瘍の方、妊娠末期の婦人は通常服用できません。発熱や全身倦怠感、白目が黄色くなるなどの症状がみられた場合には、ご連絡ください。

患者さんへ：何か異常がありましたら、医師、薬剤師にご連絡ください。

お薬は直射日光、熱、湿気をさけて保存して下さい。

担当者

〒●●●-●●●● ●●●●●●●● ●●●

TEL ●●-●●●●-●●●●

◆上記の薬の作用は一般的なものであって、症状によっては異なる使われ方もあります。

05 指定難病関連

POINT
病床の機能分化、入院期間の短縮等で、指定難病のある方へケアマネジメントを行う機会は増加しています。病気の理解とともに、活用できる制度も理解しましょう。

特定医療費とは

特定医療費の助成制度は難病医療法に基づくものです。本制度は、原因が不明で治療法が確立しておらず、希少な疾病であって長期の療養を必要とするいわゆる難病のうち、国内の患者数が一定以下であり、客観的な診断基準が確立している疾病（指定難病）の治療にかかる医療費について助成するものです。

特定医療費（指定難病）医療受給者証について

指定難病として厚生労働大臣が指定する330の疾病が助成対象となっており、疾病ごとに認定基準が定められています。本制度では、医療保険上の世帯の市町村民税（所得割）額に応じて、自己負担上限額が設定されており、設定された自己負担上限額を超えた部分について公費負担されます。

申請手続きと医療費助成について

特定医療費の支給は都道府県が認定しますが、具体的な手続きは各都道府県で異なるので、最寄りの保健所等に問い合わせて確認する必要があります。都道府県に認定されると「特定医療費（指定難病）医療受給者証」が交付されます。

特定医療費支給認定申請書(第1面)

様式第1(第1条関係)

指定難病

(第1面)

特定医療費支給認定申請書(新規・更新・変更)

年　月　日

○○○知事　殿

申請者　氏名　　　　　印

次のとおり特定医療費に係る 支給認定／支給認定の変更の認定 を受けたいので、難病の患者に対する医療等に関する法律 第6条第1項／第10条第1項 の規定により関係書類を添えて申請します。

受給者番号(支給認定の変更の申請をする場合に限る。)				
患者	ﾌﾘｶﾞﾅ		病名	疾病コード
	氏名	(姓)　(名)		
	性別	男・女	生年月日　年　月　日	年齢　歳
	郵便番号	〒　－	電話番号	
	居住地			
	特例	人工呼吸器等装着者　□該当　□非該当	高額かつ長期　□該当　□非該当	
		軽症高額該当　□該当　□非該当	重症患者認定　□該当　□非該当	
		生活保護世帯　□該当　□非該当	境界層該当　□該当　□非該当	
対象世帯員 医療費算定	特定医療費の支給に係る認定を受けている者又はその認定の申請をしている者の有無	□有(氏名：　受給者番号：　)□無		
	医療費支給認定に係る小児慢性特定疾病児童等である者又はその認定の申請をしている者の有無	□有(氏名：　受給者番号：　)□無		
申請者(保護者が申請する場合に限る。)	ﾌﾘｶﾞﾅ		患者との続柄	
	氏名	(姓)　(名)		
	郵便番号	〒　－	電話番号	
	居住地			

受付欄(保健所記入)	階層区分(該当階層にチェック)	保健所受付印	経由印	本庁受付印
	□生活保護 □低所得Ⅰ □低所得Ⅱ □一般所得Ⅰ □一般所得Ⅱ □上位所得			

保健所チェック欄(レ点チェック、審査用添付資料は該当するものに○)

□	フィルム・CD・コピー	□	□	□	□		□	□	□	□	□	□	□

特定医療費支給認定申請書(第2面)

(第2面)

患者加入医療保険

患者の加入医療保険	保険種別(該当するものをチェック)	□国民健康保険 □後期高齢者医療 □上記以外	被保険者証の記号及び番号	(記号)	(番号)
	被保険者 ﾌﾘｶﾞﾅ				患者との続柄
	被保険者 氏名	(姓)	(名)		
	保険者コード番号(右詰めで記入してください)		保険者名称		
介護保険認定		□要介護(　) □要支援(　) □無	利用している介護サービス		

支給認定基準世帯員

氏名	患者との続柄	生年月日	医療保険の種別(該当するものをチェック)	医療保険の種別が、国民健康保険又は後期高齢者医療以外の場合本人・被扶養者の別
		年　月　日	□国民健康保険 □後期高齢者医療 □上記以外	□本人　□被扶養者
		年　月　日	□国民健康保険 □後期高齢者医療 □上記以外	□本人　□被扶養者
		年　月　日	□国民健康保険 □後期高齢者医療 □上記以外	□本人　□被扶養者
		年　月　日	□国民健康保険 □後期高齢者医療 □上記以外	□本人　□被扶養者
		年　月　日	□国民健康保険 □後期高齢者医療 □上記以外	□本人　□被扶養者
		年　月　日	□国民健康保険 □後期高齢者医療 □上記以外	□本人　□被扶養者
		年　月　日	□国民健康保険 □後期高齢者医療 □上記以外	□本人　□被扶養者

指定医療機関(特定医療を受ける指定医療機関として希望するものを記入してください。)

名称		所在地	
名称		所在地	
名称		所在地	
名称		所在地	
名称		所在地	
名称		所在地	
名称		所在地	
名称		所在地	
名称		所在地	
名称		所在地	

具体的な手続きは各都道府県で異なるので、最寄りの保健所等に問い合わせて確認する必要があります

受給者証は「疾病名」欄に記載された疾病について保険診療を受けた場合に使えます。訪問看護ステーションが行う訪問看護も含みますので確認しておきましょう。

また、「自己負担上限額」欄に記載された金額を医療機関等に支払うことになり、受給者証に記載された病名以外の医療費等は対象とならないので注意が必要です。

自己負担上限額は、同一月に受療した指定医療機関等における自己負担額を合算して適用します。受給者として認定された場合、受給者証とともに自己負担上限額管理票が交付されますので、指定医療機関等で受療した際には受給者証と上限額管理票を提示します。

有効期間は1年以内となっており、その都度、更新手続きが必要なので、あわせて確認しておきましょう。

ケアマネジャーとして確認しておきたいこと

主に医療保険の給付にかかわることですが、在宅生活全般を支援するケアマネジャーとしては、在宅療養の内容、経済面を考えたときに、指定難病については確認しておくべき内容といえるでしょう。

特に初回面談時には、こうした証を持っていないか確認しましょう。

- 厚生労働大臣が指定した330疾病が助成対象となる指定難病。設定された自己負担上限額を超えた部分が公費負担されます。
- ケアマネジャーとして、在宅療養の内容、経済面を考えたときに、指定難病について確認しておくことは大切です。

まとめ

特定医療費支給認定申請書(第3面)

(第３面)

区分	氏名	続柄	個人番号
患者			
申請者(保護者が申請する場合)			
支給認定基準世帯員			

備考　1　用紙の大きさは、日本工業規格Ａ４とする。
2　申請者の押印は、氏名を自署する場合にあっては省略することができる。
3　支給認定の変更の申請をする場合は、患者の氏名、居住地及び電話番号、受給者番号及び変更の必要が生じた事項並びに患者の保護者が申請をする場合にあっては、当該保護者の氏名、居住地、電話番号及び当該患者との続柄を記入すること。

特定医療費(指定難病)医療受給者証(例)

特定医療費(指定難病)医療受給者証

公費負担番号		受給者番号	
受給者 住所			
受給者 氏名			
受給者 生年月日		性別	
疾病名			
保険者名			
被保険証の記号・番号		適用区分	
有効期間	開始　平成　年　月　日		
	終了　平成　年　月　日		
備考			
月額自己負担限度額	外来　円	入院　円	
知事名及び印	○○○知事　○○　○○　（○○県知事印）		
交付年月日	平成　年　月　日		

特に初回面談時には、こうした証を持っていないか確認しましょう

受診医療機関		
	所在地	
	名称	
	所在地	
	名称	
	所在地	
	名称	
	所在地	
	名称	
	所在地	
	名称	
医療機関及び受給者の方へ	本事業の対象となる医療は、標記に記載された疾患及び当該疾患に附随して発現する傷病に対する医療に限られます。	

06 障害者施策関連

POINT
介護保険制度では共生型サービスも位置づけられ、障害分野との連携も重要視されています。障害分野の基礎知識も身につけておきましょう。

身体障害者手帳等

身体障害者手帳は、各種障害福祉サービスを受けるための基本となるものです。申請に必要な書類等には、以下のものがあります。

- 身体障害者手帳交付申請書（窓口で記入します）
- 身体障害者診断書・意見書（各障害別に様式あり。身体障害者手帳の指定医師により3か月以内に作成されたもの）
- 写真
  マイナンバー通知カードと本人確認書類（運転免許証等）、または個人番号カード

市役所の窓口に申請し、都道府県の担当課で判定されます。手帳交付までには概ね2か月程度の期間を要します。ただし、身体障害者手帳の障害認定は、治療等から一定期間経過後の安定期を待って行われることも知っておきましょう。「身体障害者診断書・意見書」には、原因となる疾病やけが、症状や治療の経過などが詳細に記載されます。

その他、療育手帳は知的障害、精神障害者保健福祉手帳は一定の精神障害の状態にあることを証明するものです。

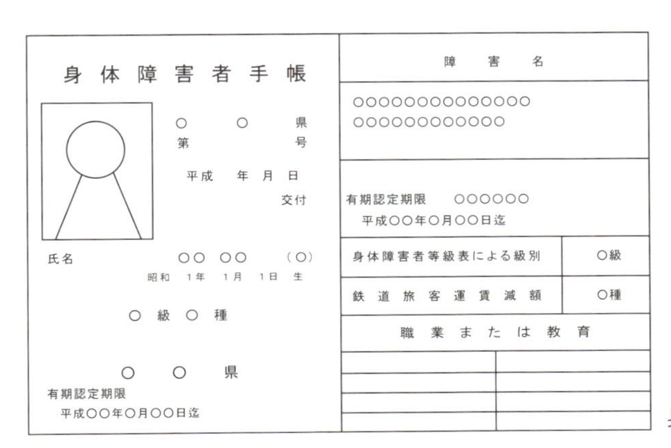

身体障害者手帳

○　○　県
第　　号
平成　年　月　日
交付

氏名　○○　○○　（○）
昭和　1年　1月　1日　生

○　級　○　種

○　○　県
有期認定期限
平成○○年○月○○日迄

障害名	
○○○○○○○○○○○○○○ ○○○○○○○○○○○○○	
有期認定期限　○○○○○○ 平成○○年○月○○日迄	
身体障害者等級表による級別	○級
鉄道旅客運賃減額	○種
職業または教育	

身体障害者手帳

実物を見ておくと苦手意識も軽減されます

療育手帳　○○県（市）　第　　号
交付　　再交付

氏　名
生　性別
住所
保護者氏名　続柄
住所

写真
27
×2cm

障害の程度（総合判定）	
旅客鉄道株式会社旅客運賃減額	
航空割引	

判定年月日
判定機関　○　○　県（市）
合併障害　身体障害　級

公印
12×
12cm

次の判定年月

療育手帳

特に初回面談時には、こうした手帳を持っていないか確認しましょう

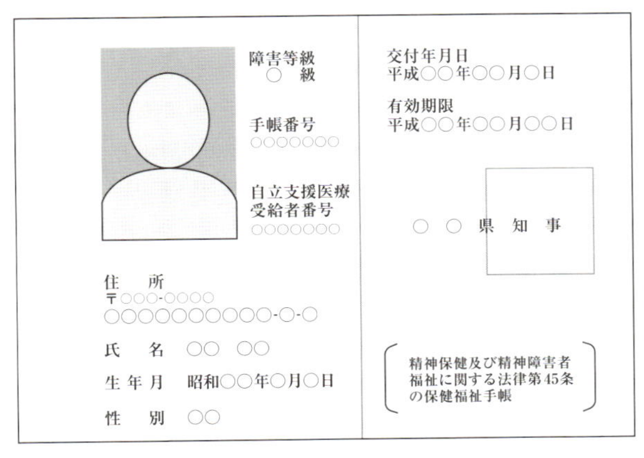

障害等級
○　級

手帳番号
○○○○○○○

自立支援医療
受給者番号
○○○○○○○

住　所
〒○○○-○○○○
○○○○○○○○○○○-○-○

氏　名　○○　○○

生年月　昭和○○年○月○日

性　別　○○

交付年月日
平成○○年○○月○日

有効期限
平成○○年○○月○○日

○　○　県　知　事

（精神保健及び精神障害者福祉に関する法律第45条の保健福祉手帳）

精神障害者保健福祉手帳

介護給付費支給申請書／障害福祉サービス受給者証

介護給付費支給申請書には、障害支援区分や手帳の情報のほか、申請するサービス、減免について記載して市町村に申請します。市町村は、申請のあった障害のある方の障害支援区分やサービス利用意向聴取の結果、サービス等利用計画案、介護を行う方の状況、置かれている環境等を勘案して、支給が必要かどうかを決定します。

障害福祉サービス受給者証には、介護給付費の支給決定内容として、サービス種別、支給量等、支給決定期間が記載されます。障害者手帳は公共料金の割引や税金の優遇措置を受けることが可能であるのに対して、障害福祉サービス受給者証は必要な福祉サービスを受けるためのものです。

障害者総合支援法と介護保険

障害福祉サービスと介護保険サービスで同様のサービスがある場合は、基本的に介護保険サービスが優先されますが、次のような場合は、障害福祉サービスを利用できます。

・在宅の障害者で、申請に係る障害福祉サービスの支給量が、障害福祉サービスに相当する介護保険サービスに係る保険給付の区分支給限度基準額の制約から、介護保険サービスのみで確保することができない場合
・利用可能な介護保険サービスの事業所が身近にない、あっても利用定員に空きがないなど、介護保険サービスを利用することが困難な場合
・補装具等について、医師や身体障害者更生相談所等により障害の身体状況に個別に対応することが必要と判断される場合

（参考）「障害者自立支援法に基づく自立支援給付と介護保険制度との適用関係等について」（平成19年3月28日）を一部改変

介護給付費支給申請書（例）

（介護給付費　訓練等給付費　特定障害者特別給付費　地域相談支援給付費）
支給申請書兼利用者負担額減額・免除等申請書（例）

○○市（町村）長　　様

次のとおり申請します。

申請年月日　平成　　年　　月　　日

申請者	フリガナ		生年月日	明治　大正 昭和　平成　　年　　月　　日
	氏　名			
	居住地	〒 電話番号		
フリガナ			生年月日	昭和・平成　　年　　月　　日
支給申請に係る児童氏名			続　柄	

身体障害者手帳番号		療育手帳番号		精神障害者保健福祉手帳番号		疾病名	
被保険者証の記号及び番号（※）				保険者名及び番号（※）			
障害基礎年金1級の受給の有無（就労継続支援B型のサービスを申請する者に限る。）						有　・　無	

※「被保険者証の記号及び番号」欄及び「保険者名及び保険者番号」欄は、療養介護を申請する場合記入すること。

サービス利用の状況						
障害福祉関係サービス	障害程度区分の認定	有・無	区分　1　2　3　4　5　6		有効期間	
	利用中のサービスの種類と内容等					
介護保険サービス	要介護認定	有・無	要介護度	要支援（　）・要介護　1　2　3　4　5		
	利用中のサービスの種類と内容等					

申請するサービス：区分	サービスの種類：介護給付費	サービスの種類：訓練等給付費	申請に係る具体的内容
訪問系・その他	□居宅介護		
	□重度訪問介護		
	□同行援護		
	□行動援護		
	□短期入所		
	□重度障害者等包括支援		
日中活動系	□療養介護	□自立訓練（機能訓練）	
	□生活介護	□自立訓練（生活訓練）	
		□宿泊型自立訓練	
		□就労移行支援	
		□就労移行支援（養成施設）	
		□就労継続支援A型	
		□就労継続支援B型	
居住系	□施設入所支援	□共同生活援助（グループホーム）	
地域相談支援	□地域移行支援		
	□地域定着支援		

介護保険サービスと似たような名称のサービスもありますが、内容が異なることもありますので注意しましょう

サービス等利用計画又は個別支援計画を作成するために必要があるときは、障害程度区分認定に係る認定調査・概況調査の内容、サービス利用意向聴取の内容、市町村審査会における審査判定結果・意見及び医師意見書の全部又は一部を、○○市（町・村）から指定特定相談支援事業者、指定障害福祉サービス事業者、指定障害者支援施設又は指定一般相談支援事業者の関係人に提示することに同意します。

申請者氏名

また、障害者固有のサービスには、以下のようなものがあります。

- 同行援護（視覚障害により移動に著しい困難を有する人に、移動に必要な情報の提供（代筆・代読含む）、移動の援護等の外出支援を行う）
- 行動援護（知的障害または精神障害により、行動するときに著しい困難を有する人に、行動の際の危険を回避するために必要な支援や外出支援を行う）
- 自立訓練（自立した日常生活または社会生活ができるよう、一定期間、身体機能または生活能力の向上のために必要な訓練を行う）
- 就労移行支援（一般企業等への就労を希望する人に、一定期間、就労に必要な知識および能力の向上のために訓練を行う（65歳未満対象））
- 就労継続支援（一般企業等での就労が困難な人に、働く場を提供するとともに、知識および能力の向上のために必要な訓練を行う。雇用契約を結ぶA型（65歳未満対象）、雇用契約を結ばないB型がある）
- 補装具等の一部

障害福祉サービスと介護保険サービスでは、似たような名前やサービス内容があったり、介護保険側から見たら見慣れない名前（同行援護、就労支援）等もあります。社会資源の一つとして慣れること、理解していくことが大切です。

まとめ

- 障害者手帳は、公共料金の割引や税金の優遇措置を受けることが可能であるのに対し、障害福祉サービス受給者証は必要な福祉サービスを受けるためのものです。
- 障害福祉サービスと介護保険サービスでは、基本的に介護保険が優先されますが、障害福祉固有のサービスや、介護保険サービスを受けることが困難などの場合には、障害福祉サービスを利用できます。

障害福祉サービス受給者証

（様式第１１号）

（一）

障害福祉サービス受給者証		
受給者証番号		
支給決定障害者等	居住地	
	フリガナ	
	氏名	
	生年月日	年　月　日
児童	フリガナ	
	氏名	
	生年月日	
障害種別		1　2　3　4　5　※
交付年月日		平成　年　月　日
支給市町村名及び 印		

（二）

介護給付費の支給決定内容	
障害程度区分	
認定有効期間	平成　年　月　日から平成　年　月　日まで
サービス種別	
支給量等	
支給決定期間	平成　年　月　日から平成　年　月　日まで
サービス種別	
支給量等	
支給決定期間	平成　年　月　日から平成　年　月　日まで
サービス種別	
支給量等	
支給決定期間	平成　年　月　日から平成　年　月　日まで
予備欄	

（三）

サービス種別	
支給量等	
支給決定期間	平成　年　月　日から平成　年　月　日まで
サービス種別	
支給量等	
支給決定期間	平成　年　月　日から平成　年　月　日まで

サービス種別ごとに支給量が決まる点が介護保険とは異なります

07 生活保護制度関連

POINT
生活保護の高齢者世帯は今後も増加する見込みといわれています。ケアマネジャーとして関係する制度を学び支援に活かしましょう。

申請について

生活保護の申請は、原則として実施機関である福祉事務所で行われます。市町村によって窓口の名称が異なるため確認しておきましょう。申請に先立って、面接員による生活相談が行われます。収入の状況、収入を得るための努力、家族からの援助の可能性、保険や年金などの他の手段等が聞かれます。申請後は、地区担当員による訪問調査、貯金の金額等を調べる資力調査、扶養照会が行われます。その後、保護の要否が判定され、保護が開始されるか却下されるかが決定されます。保有が認められる資産については、下表を参照してください。

生活保護受給者が保有を認められる資産例

土地・家屋（不動産）	現に住んでいるもので、処分価値と利用価値を比べて、処分価値が著しく大きいもの以外の宅地、家屋
田・畑	現に耕作しているなど利用価値が高いもので、申請した市町村地域の農家の平均耕作面積以内の田畑
生活用品	原則として、申請した市町村内での普及率が70%を超えるもの
自動車	原則として、保有を認められない（レンタカーを含む）。ただし、障害者が通院・通学のために使用するなど、特別な事情の場合は認められる場合がある。
生命保険	解約返戻金が少額（基準生活費の3か月分以下）であり、かつ保険料が基準生活費の1割以下の生命保険
預貯金・手持金	基準生活費の50%以下の額 申請時点で預貯金がある場合は、使い切ってからの申請を求められる場合がある。

生活保護申請書

生 活 保 護 申 請 書

年　月　日

宛先　　福祉事務所所長

申請者氏名　　㊞　　住所

連絡先　　要（被）保護者との関係

次の通り生活保護法による保護を申請します。

現住所							
世帯員の名前	氏　名	続柄	性別	生年月日	年齢	職業	健 康 状 態
保護を受けたい理由							

別途、資産や収入に関する申告書を添付します

援助者の状況（家族）	氏　名	続柄	年齢	職業	現 住 所

介護扶助の申請と介護券

介護扶助を受けようとする場合は福祉事務所に申請を行います。介護保険の被保険者である被保護者の場合、申請書に介護保険被保険者証、サービス利用票、サービス利用票別表を添付して提出します。医療保険未加入者で特定疾病該当者である、介護保険被保険者とはならない被保護者（いわゆる「みなし２号」）の場合、申請書に介護扶助を必要とする理由等を記載し提出します。福祉事務所は市町村の介護認定審査会に要介護状態の審査判定を委託し、その結果に基づき、要介護認定等を行います。

福祉事務所は、要介護認定結果およびケアプラン等に基づいて介護扶助を決定します。居宅介護にかかる介護扶助の程度は、区分支給限度基準額の範囲内とされています。また介護券とは、生活保護受給者が介護保険サービスを受けるために、生活保護者であること、福祉事務所が介護費を負担することを証明する文書です。

介護扶助の概要

<table>
<tr><td rowspan="3">**要件**</td><td colspan="3">要介護または要支援の状態にある被保護者</td></tr>
<tr><td colspan="2">40歳以上65歳未満</td><td rowspan="2">65歳以上</td></tr>
<tr><td>医療保険未加入者で
特定疾病該当者</td><td>医療保険加入者で
特定疾病該当者</td></tr>
<tr><td rowspan="2">**介護保険の適用**</td><td rowspan="2">介護保険被保険者と
ならない</td><td colspan="2">介護保険被保険者となる</td></tr>
<tr><td>第2号被保険者</td><td>第1号被保険者</td></tr>
<tr><td>**要介護認定**</td><td>生活保護法による要介護認定</td><td colspan="2">介護保険法による要介護認定</td></tr>
<tr><td rowspan="2">**ケアプラン**</td><td>生活保護法の指定介護機関に作成を委託</td><td colspan="2">介護保険法に基づき作成</td></tr>
<tr><td colspan="3">支給限度額以内のケアプランに限る</td></tr>
<tr><td rowspan="2">**給付割合**</td><td colspan="3">※生活保護法の指定介護機関からの介護サービスに限る</td></tr>
<tr><td>**介護扶助10割**</td><td colspan="2">**介護保険9割・介護扶助1割**</td></tr>
<tr><td>**障害者施策関係**</td><td>障害者手帳等を持っている場合は、障害者施策が介護扶助に優先する。</td><td colspan="2">介護保険・介護扶助優先。ただし、一部サービスでは自立支援医療（更生医療）が介護扶助に優先する。</td></tr>
</table>

・生活保護の申請の流れ、介護扶助の申請と介護券の取り扱いについて確認しておきましょう。

生活保護法介護券

介護扶助は、毎月、福祉事務所からサービス事業者に介護券が送付されます

様式第3号

生活保護法介護券（　年　月分）

公費負担者番号		有効期間	日から　日まで
受給者番号		単独・併用別	単独・併用
保険者番号		被保険者番号	
（フリガナ） 氏名		生年月日 1. 明・2. 大・3. 昭 年　月　日生	性別 1. 男　2. 女
要介護状態等区分	基本チェックリスト該当・要支援1・2・要介護1・2・3・4・5		
認定有効期間	平成　年　月　日から	平成　年　月　日まで	
居住地			
認定居宅介護支援事業者・認定介護予防支援事業者・地域包括支援センター名	事業所番号		
指定介護機関名	事業所番号		
居宅介護 介護予防 介護予防・日常生活支援	□訪問介護 □訪問入浴介護 □福祉用具貸与 □訪問看護 □訪問リハ □通所介護 □通所リハ □居宅療養管理指導 □短期入所生活介護 □短期入所療養介護 □認知症対応型共同生活介護 □特定施設入居者生活介護 □定期巡回・随時対応型訪問介護看護 □夜間対応型訪問介護 □地域密着型通所介護 □認知症対応型通所介護	居宅介護 介護予防	□小規模多機能型居宅介護 □地域密着型特定施設入居者生活介護 □看護小規模多機能型居宅介護
		施設介護	□介護老人福祉施設 □介護老人保健施設 □介護療養型医療施設 □地域密着型介護老人福祉施設
		居宅介護支援 介護予防支援 介護予防・日常生活支援	□居宅介護支援 □介護予防支援
		本人支払額	円
地区担当員名	取扱担当者名		福祉事務所長　印
備考	介護保険	あり　なし	
	その他		

備考　この用紙は、A列4番白色紙黒色刷りとすること。

08 後見開始申立書

POINT
認知症高齢者の急激な増加に伴い、成年後見制度の重要性も高まっています。制度の概要と把握しておくべき内容を確認しましょう。

成年後見制度とは

成年後見制度のうち、法定後見制度とは、家庭裁判所が選任した後見人等が財産管理や身上監護を行うものです。成年後見人等は、本人の親族以外にも，法律・福祉の専門家その他の第三者や，福祉関係の公益法人などが選ばれる場合があります。

また、任意後見制度とは、判断能力があるうち、本人と任意後見受任者が公正証書によって契約するものです。

申立ての準備

ケアマネジャーの役割は、本人の判断能力やわかる範囲での経済状況、日常生活の状況を把握して、申立人になる人や機関に説明することです。

申立人になることができるのは、本人、配偶者、４親等内の親族ですが、親族が音信不通または拒否、親族による虐待が疑われる場合には、市町村長が申立てを行うこともできます。

後見開始申立書(1/2)

受付印

後見・保佐・補助　開始申立書

（収入印紙欄）
後見（保佐）開始申立てのみは，８００円分
保佐（補助）開始申立て＋代理権付与のときは１，６００円分
保佐（補助）開始申立て＋同意権付与＋代理権付与のときは２，４００円分
（補助開始のみの申立てはできません。）
㊟貼った印紙に押印しないでください。

収入印紙（申立費用）	円
収入印紙（登記費用）	円
予納郵便切手	円

準口頭		関連事件番号平成　　年（家　　）第　　号

家庭裁判所　御中 支部・出張所 平成　年　月　日	申立人の記名押印	㊞

申立人	住所	〒　　－ （　　方）		
	フリガナ 氏名		大正 昭和　年　月　日生 平成	
	平日の昼間に連絡のつきやすい電話番号 □携帯　□自宅　□勤務先 ☎　（　）	裁判所名で連絡しても □良い □差し支える	職業	
	本人との関係	□親　□子　□兄弟姉妹　□配偶者　□その他の親族（続柄　） □本人　□市区町村長　□その他（　）		
本人	本籍	都道 府県		
	住民票上の住所	〒　　－		
	実際に生活している所	□申立人と同じ　□住民票上の住所と同じ　□病院・施設等 〒　　－　病院や施設の場合は，所在地，名称，電話番号を記載してください。 病院・施設名（　）☎（　）		
	フリガナ 氏名		男・女	明治・大正 昭和・平成　年　月　日生
後見人等候補者について		□申立人が相当である。　□裁判所の選任する第三者を希望する。 ※□下記の者が相当である。		
成年後見人等候補者 ※の場合のみ記入してください。	住所	〒　　－		
	フリガナ 氏名		昭和 平成　年　月　日生	
	平日の昼間に連絡のつきやすい電話番号 □携帯　□自宅　□勤務先 ☎　（　）	裁判所名で連絡しても □良い □差し支える	職業	
	本人との関係	親族　□親　□子　□兄弟姉妹　□配偶者　□その他の親族（続柄　） 親族外　□弁護士　□司法書士　□社会福祉士　□法人　□その他（　）		

（注）太枠の中だけ記入してください。

申立書(1/2)

帳票をじっくり見ると
制度理解にもつながります

申立てに必要な書類

申立てについて必要な書類は、以下のものがあります。

- 申立て書類（申立書、申立事情説明書、親族関係図、財産目録・収支状況報告書）
- 戸籍謄本（本人）
- 住民票（本人、後見人等候補者）
- 登記されていないことの証明書（本人）
- 診断書（成年後見用のものがある。かかりつけ医への依頼が一般的）
- 収入印紙、郵便切手、鑑定費用等

※裁判所によって違いがあるため、確認が必要です。

開始までの流れ

後見の開始までの流れは、以下のとおりです。

1．申立人が本人の住所地の家庭裁判所に申立てます。

2．調査・鑑定・照会

- 家庭裁判所は、書類の点検と申立ての事情を確認します。
- 候補者がいる場合には、候補者に対して事情調査をします。
- 家庭裁判所の調査官等が本人に面接します。
- 「保佐」「後見」の申立てをする場合は、判断能力の程度について、家庭裁判所が医師に鑑定を依頼します。
- 家庭裁判所が親族に意向を照会します。

3．家庭裁判所が書類や調査結果の内容を検討します。

4．家庭裁判所は、後見等開始の審判をし、最も適任と思われる人を成年後見人等に選任します。

5．審判結果を申立人、本人、後見人等に通知します。

6．審判確定、登記、開始

後見開始申立書(2/2)

該当する箇所に☑印を付けてください。

申立ての趣旨

□ 本人について**後見**を開始するとの審判を求める。

□ 本人について**保佐**を開始するとの審判を求める。

□ 本人のために**別紙代理行為目録**記載の行為について保佐人に代理権を付与するとの審判を求める。

□ 本人は，民法第１３条１項に規定されている行為の他に，下記の行為（日用品の購入その他日常生活に関する行為を除く。）をするにも，その保佐人の同意を得なければならないとの審判を求める。

記

□ 本人について**補助**を開始するとの審判を求める。

□ 本人のために**別紙代理行為目録**記載の行為について補助人に代理権を付与するとの審判を求める。

□ 本人が**別紙同意行為目録**記載の行為（日用品の購入その他日常生活に関する行為を除く。）をするには，その補助人の同意を得なければならないとの審判を求める。

申立ての実情

申立ての動機（複数選択可）

□ 本人の財産管理(預貯金の払戻・解約等)のため

□ 保険金の請求・受領のため

□ 不動産の処分のため
（□売買　□賃貸借　□抵当権設定）

□ 裁判手続等
（□訴訟　□調停　□相続放棄
□破産　□交通事故の示談など）

□ 遺産分割協議のため

□ 施設入所又は福祉サービス契約のため

□ 本人に不利益な契約の防止・取消しのため

□ その他
（　　　　）

（上記動機の具体的内容）

すでに後見が開始している場合でも、後見を受けるに至った背景などの理解が深まります

申立書(2/2)

成年後見人が行うことのできない仕事

以下の内容は成年後見人が行うことができないため、注意が必要です。

- 身体の強制を伴う行為（監禁など）
- 婚姻、離婚、養子縁組、臓器移植などの同意
- 手術や麻酔注射など医療行為の同意
- 身元保証人や連帯保証人になること

成年後見の場合、申立てをしてから２～３か月で支援開始となることが多く、費用は登記印紙代、診断書作成等で２～10万円程度（不要な場合もあります）、後見人への報酬が毎月２～５万円程度です。

成年後見制度とよく似た制度である「日常生活自立支援事業」は、本人との契約に基づいて、福祉サービスの利用援助や日常的な金銭等の管理に支援が限定されますが、「成年後見制度」は、財産管理や福祉施設の入退所など生活全般の支援（身上監護）に関する契約等の法律行為も援助できます。ケースによっては２つの制度を併用する場合もあります。

いずれにしても、ケアマネジャー単独で申請等を行うことはありません。市役所や社会福祉協議会、地域包括支援センターと協働して行いますが、一定程度の知識がないと連携しづらいものです。基本的な概要は押さえておきましょう。

まとめ

- ケアマネジャーの役割は、本人の判断能力やわかる範囲での経済状況、日常生活の状況を把握して、申立て人になる人や機関に説明することです。
- 申立てに必要な書類、費用、開始までの流れ、成年後見人が行うことができない業務等について把握しておきましょう。

行政への尋ね方

COLUMN

制度についてわからないことがあるとき、皆さんはどうしますか？　大きく分けて２つの方法があると思います。１つは、書籍やインターネット等で調べて学ぶ。もう１つは、行政の窓口に聞きに行く、ということです。

まず１つ目の調べて学ぶについては、誰もが経験があると思いますが、複雑な制度はなかなか一人で資料を読むだけでは理解しづらいことが多いものです。さらに、利用者個別の状況にどう適用できるかといった実際の課題に対応しづらい面もあります。自ら調べて学ぶことはとても重要ですが、解決しないことも多いでしょう。

そこで、２つ目の行政の窓口に聞きに行くことが必要になってきます。ただ、行政の窓口に行くといっても、制度によって窓口は異なります。まず、どこの窓口に聞きに行けばよいのか、しっかり確認しておくことが必要です。もちろんわからない場合には、行政に尋ねることも可能です。

そして、窓口に聞きに行く際ですが、ある程度の資料を持参して尋ねることが望ましいでしょう。手持ちの資料が何もなく尋ねると、制度に関する正式な名称もあやふやな場合は、行政の担当者も答えようがないことにもなりかねません。ただし、特にインターネット上の情報は出所不明のものも多く、かつ古い情報も含まれているため、できる限り、行政資料を基本とするほうが担当者も回答しやすいでしょう。資料をもとにして、「理解しづらいところを質問する」「利用者の個別の状況を伝えて活用できるのかを尋ねる」という方法です。

その際に、資料にない内容の説明があった場合には、「不勉強ですみませんが、根拠となる資料、条文等がありましたら教えていただけませんか？」と尋ね、根拠となるものも確認しておくと、改めて確認する際にも便利です。さらに、念のため、尋ねた日、担当者氏名も記録しておくようにするとよいでしょう。

こうした経験を積み重ねていくことで、制度についての理解と実践的なスキルが身についていくと思います。日々の業務が最大の学びになると考えて頑張ってください。

居宅介護支援事業所の管理運営に便利な書式

4

CONTENTS

01 認定期間ごとの利用者別居宅介護支援業務管理表

POINT
利用者への適切なケアマネジメントが実施されていることを記録として残すことができ、運営基準を満たしている証明になります。

帳票の目的

本帳票は、居宅介護支援業務において必要な書類がきちんと管理されていることを確認するための帳票です。また、居宅介護支援業務とその記録である帳票は、運営基準上、業務の順序が大切であるため、記される日付が重要な意味をもちます。

例えば、通常はアセスメントを行ってからケアプラン原案を作成し、その反対の順序は原則ありえません。よって、書類の有無とともに日付も記載し、その都度、誤った手順となっていないか確認をすることが必要です。

帳票の使用方法

毎月、居宅介護支援の業務を行い、記録後に日付を記載していきます。要介護認定期間ごとにファイルを綴じることを基本とするため、本帳票も認定期間ごとで新しい用紙を用います。いわば、ファイルの中身の目次と言える内容です。

また加算についても、算定月とそうでない月があるため、その履歴も残しておくと、後から確認するときや、管理者がケアマネジャーの業務を把握するとき、担当ケアマネジャーが交替した際の引き継ぎなどに有効です。

個人ファイルチェック表（例）

【居宅介護支援】個人ファイルチェック表　□特定事業所加算（　　　）　□特定事業所集中減算（　　　　　）

利用者氏名	様	初回利用年月日		契約書・重説・個人情報	日付		印	
報酬改定の同意	H24　H27	利用サービス						
特別な事情	独居等でなく生活援助		泊まり利用		限度額超		同一住宅	
	ショートの長期利用		デイでの外出		変更多い		緊急利用	
	軽度者の福祉用具貸与		その他		その他		その他	

年													
月		4月	5月	6月	7月	8月	9月	10月	11月	12月	1月	2月	3月
要介護度													
更新理由 新規・更新・短期目標更新・区分変更・サービス変更等													
基本情報	日付												
課題分析	日付												
居宅サービス計画書　第1表	日付												
居宅サービス計画書　第2表	日付												
居宅サービス計画書　第3表	日付												
サービス担当者会議	日付												
モニタリング	日付												
支援経過	日付												
利用票	日付												
他事業所プラン・報告書（　　　）	有無												
他事業所プラン・報告書（　　　）	有無												
他事業所プラン・報告書（　　　）	有無												
他事業所プラン・報告書（　　　）	有無												
他事業所プラン・報告書（　　　）	有無												
初回加算	算定												
入院時情報連携加算（Ⅰ）	算定												
入院時情報連携加算（Ⅱ）	算定												
退院・退所加算	算定												
緊急時等居宅カンファレンス加算	算定												
小規模多機能連携加算	算定												
運営基準減算	算定												

ファイルの中にどのような帳票が保管されているかがわかります。目次のような帳票であり、これを確認することで、漏れがないかのチェックができます

・適切なケアマネジメントの実施を証明する帳票です。
・運営基準を満たしていることも確認できるので、記録してしっかり保存しましょう。
・管理者が、ケアマネジャーの業務を把握するとき、担当者が交替した際の引き継ぎなどに有効です。

02 更新等スケジュール表

POINT
居宅介護支援には、要介護認定の申請にかかる援助が義務づけられています。漏れがないように一覧表にしておくことは管理上重要な対策です。

帳票の目的

本帳票は、要介護認定の更新やケアプランの更新の予定を、個人別に管理する一覧表です。ソフトで自動的に作成されるものもありますが、ここではエクセルで作成するものを紹介します。帳票の目的は、要介護認定の申請の援助に漏れをなくすことです。

帳票の使用方法

ケアマネジャーが担当する利用者を一覧にし、月ごとに要介護認定の更新、ケアプランの更新、それに伴うアセスメントやサービス担当者会議等の予定を示します。区分変更申請等があった場合には、その都度更新します。

一覧にしておくと、忙しい月とそうでない月がわかります。要介護認定の更新、ケアプランの更新があるときは業務量が増えます。そうした利用者が月別で何人いるのか一覧から把握することもできるでしょう。

あらかじめ忙しい月がわかれば、事前準備もできるでしょう。業務をマネジメントするうえでの一つの工夫といえます。

更新等スケジュール表(例)の記載例

更新等スケジュール表

	利用者氏名	H27.4	H27.5	H27.6	H27.7	H27.8	H27.9	H27.10	H27.11	H27.12	H28.1	H28.2	H28.3	H28.4	H28.5	H28.6	H28.7	H28.8	H28.9	H28.10	H28.11	H28.12	H29.1	H29.2	H29.3
1	A					短・ア	サ担					更・ア	サ担					短・ア	サ担					更・ア	サ担
2	B	短・ア	サ担					更・ア	サ担					短・ア	サ担					更・ア	サ担				
3	C					短・ア	サ担					更・ア	サ担					短・ア	サ担					更・ア	サ担
4	D				更・ア	サ担					短・ア	サ担					更・ア	サ担					短・ア	サ担	
5	E					短・ア	サ担					更・ア	サ担				短・ア	サ担					更・ア	サ担	
6	F					短・ア	サ担					更・ア	サ担					短・ア	サ担					更・ア	サ担
7	G	サ担					短・ア	サ担					更・ア	サ担					短・ア	サ担					更・ア
8	H		更・ア	サ担					短・ア	サ担					更・ア	サ担					短・ア	サ担			
9	I	更・ア	サ担					短・ア	サ担					更・ア	サ担					短・ア	サ担				
10	J					短・ア	サ担					更・ア	サ担					短・ア	サ担					更・ア	サ担
11	K				更・ア	サ担					短・ア	サ担					更・ア	サ担					短・ア	サ担	
12	L			更・ア	サ担					短・ア	サ担					更・ア	サ担					短・ア	サ担		
13	M					短・ア	サ担					更・ア	サ担					短・ア	サ担					更・ア	サ担
14	N	短・ア	サ担					更・ア	サ担					短・ア	サ担					更・ア	サ担				
15	O					短・ア	サ担					更・ア	サ担					短・ア	サ担					更・ア	サ担
16	P					短・ア	サ担					更・ア	サ担					短・ア	サ担					更・ア	サ担
17	Q	サ担					短・ア	サ担					更・ア	サ担					短・ア	サ担					更・ア
18	R		短・ア	サ担					更・ア					短・ア	サ担					更・ア	サ担				
19	S				短・ア	サ担					更・ア	サ担					短・ア	サ担					更・ア	サ担	
20	T		短・ア	サ担					更・ア	サ担					短・ア	サ担					更・ア	サ担			
21																									
22																									
23																									
24																									
25																									
26																									
27																									
28																									
29																									
30																									
31																									
32																									
33																									
34																									
35																									

「更・ア」→“認定更新のためのアセスメント”
「サ担」　→“サービス担当者会議”
「短・ア」→“短期目標更新のためのアセスメント”

要介護認定の申請の援助と、それに伴うアセスメント、ケアプラン作成、サービス担当者会議について漏れが出ないように作成します。
「HO.O.O～HO.O.O」より、視覚的にわかりやすくなりますし、業務が集中する時期も想定しやすくなります

- 更新等スケジュール表は、要介護認定の更新やケアプランの更新の予定を、個人別に管理する帳票です。
- 一覧にしておくと、忙しい月とそうでない月がわかり、事前準備もできます。業務マネジメントの一工夫です。

03 月次通常業務管理表

POINT
居宅介護支援の標準担当件数は35件。担当件数の書類作成、モニタリングの予定と実施・記録、利用票への同意等、毎月の通常業務はマネジメント能力が求められます。

帳票の目的

本帳票は、毎月行う通常業務について一覧にしたチェックシートです。確実に業務をこなして抜けや漏れが生じないよう点検するために使用するものです。すべてにチェックがついたら、当該月の通常業務は終了したことになります。

帳票の使用方法

基本的には、ケアマネジャーが自らの業務管理のために使用します。私自身がケアマネジャーになりたての頃、“この仕事は点検表がないと内容を漏らしそうだ”と感じて、こうした通常業務を管理するための点検表を作成して活用していました。

さらに、本帳票は個人の使用にとどまらず、管理者が職員の業務を確認するためにも活用できます。いくら口頭で確認しても、その内容や範囲には個人差があり明確でないため、適切な管理業務にはつながらないからです。また、新人教育にも活用できます。新人職員にとっても行う業務が明確になり、自ら確認できることで、ストレスを感じることが少なくなるでしょう。

通常業務管理表(例)の記載例

通常業務管理表(　　年　　月)

	利用者氏名	要介護度	加算	利用票作成	モニタリング			利用票印	支援経過	提供票作成
					予定	実施	記録			
1	A	3	初回	✔	4/21	4/21	✔	✔	✔	✔
2	B	4	―	✔	4/16	4/16	✔	✔	✔	✔
3	C	2	退院・退所	✔	4/20	4/21	✔	✔	✔	✔
4	D	1	―	✔	4/20	4/20	✔	✔	✔	✔
5	E	1	―	✔	4/19	4/19	✔	✔	✔	✔
6	F	2	―	✔	4/20	4/20	✔	✔	✔	✔
7	G	4	小規模多機能連携	✔	4/21	4/21	✔	✔	✔	✔
8	H	3	―	✔	4/23	4/25	✔	✔	✔	✔
9	I	5	―	✔	4/23	4/23	✔	✔	✔	✔
10	J	2	入院Ⅱ	✔	4/25	4/25	✔	✔	✔	✔
11	K	2	―	✔	4/24	4/24	✔	✔	✔	✔
12	L	3	―	✔	4/25	4/25	✔	✔	✔	✔
13	M	1	―	✔	4/20	4/20	✔	✔	✔	✔
14	N	2	退院・退所	✔	4/18	4/18	✔	✔	✔	✔
15	O	1	―	✔	4/18	4/20	✔	✔	✔	✔
16	P	2	―	✔	4/19	4/19	✔	✔	✔	✔
17	Q	3	入院Ⅱ	✔	4/21	4/21	✔	✔	✔	✔
18	R	1	―	✔	4/25	4/25	✔	✔	✔	✔
19	S	1	―	✔	4/23	4/23	✔	✔	✔	✔
20	T	2	初回	✔	4/24	4/24	✔	✔	✔	✔
21										
22										
23										
24										
25										
26										
27										
28										
29										
30										
31										
32										
33										
34										
35										

毎月行う通常業務について、一つ一つ確認していく帳票です。漏れがなくなるでしょうし、管理者・上司が部下の業務の状況を把握しやすくなります

まとめ

- 自らの毎月の通常業務を抜けや漏れなく管理するための“見える化”できる帳票です。
- 管理者が職員の業務を管理する際や新人教育のツールとしても活用できます。

04 要介護認定更新業務管理表

POINT
要介護認定を更新する際に、どのようなことに留意すればよいのか、自身の業務のチェックや業務管理、職員教育などに活用できる帳票です。

帳票の目的

要介護認定の更新時期が近づいてくると、認定の申請代行、認定調査、再アセスメント、ケアプラン原案作成、サービス担当者会議等、それに先駆けて行うべき業務が多くあり、ケアマネジャーはその各種調整等に忙しくなります。

本帳票は、認定期間満了の２か月前からの業務を想定して、行う業務を概ね時系列に並べたものであり、認定調査をケアマネジャーが行うことを前提に作成した体裁となっています。確実に漏れなく、要介護認定の更新業務を行うために活用しましょう。

帳票の使用方法

本帳票は、要介護認定更新時に行うことをチェックリスト化してあるので、全項目にチェックがついたら該当する業務は終了になります。項目を細分化しているため、自己流になりがちなケアマネジャー業務の標準化ができます。

前項の「月次通常業務管理表」と同様に、ケアマネジャーが自らの業務を管理する際に、管理者がケアマネジャーの業務を管理する際に、また新人教育の際にも活用できる帳票といえます。

要介護認定更新業務管理表(例)

要介護認定更新業務管理表(　　年　　月)

利用者氏名	利用者氏名	利用者氏名	利用者氏名
□家族連絡	□家族連絡	□家族連絡	□家族連絡
□保険証受取	□保険証受取	□保険証受取	□保険証受取
□市役所申請	□市役所申請	□市役所申請	□市役所申請
□調査日程相談	□調査日程相談	□調査日程相談	□調査日程相談
□調査準備	□調査準備	□調査準備	□調査準備
□調査	□調査	□調査	□調査
□再アセスメント	□再アセスメント	□再アセスメント	□再アセスメント
□資料提供同意書	□資料提供同意書	□資料提供同意書	□資料提供同意書
□(予防基本チェックリスト)	□(予防基本チェックリスト)	□(予防基本チェックリスト)	□(予防基本チェックリスト)
□調査票記入	□調査票記入	□調査票記入	□調査票記入
□調査票コピー	□調査票コピー	□調査票コピー	□調査票コピー
□請求書記入	□請求書記入	□請求書記入	□請求書記入
□市役所提出	□市役所提出	□市役所提出	□市役所提出
利用者氏名	利用者氏名	利用者氏名	利用者氏名
□家族連絡	□家族連絡	□家族連絡	□家族連絡
□保険証受取	□保険証受取	□保険証受取	□保険証受取
□市役所申請	□市役所申請	□市役所申請	□市役所申請
□調査日程相談	□調査日程相談	□調査日程相談	□調査日程相談
□調査準備	□調査準備	□調査準備	□調査準備
□調査	□調査	□調査	□調査
□再アセスメント	□再アセスメント	□再アセスメント	□再アセスメント
□資料提供同意書	□資料提供同意書	□資料提供同意書	□資料提供同意書
□(予防基本チェックリスト)	□(予防基本チェックリスト)	□(予防基本チェックリスト)	□(予防基本チェックリスト)
□調査票記入	□調査票記入	□調査票記入	□調査票記入
□調査票コピー	□調査票コピー	□調査票コピー	□調査票コピー
□請求書記入	□請求書記入	□請求書記入	□請求書記入
□市役所提出	□市役所提出	□市役所提出	□市役所提出

認定期間満了の2か月前からの業務を想定して、行う業務を概ね時系列に並べたものであり、認定調査をケアマネジャーが行うことを前提に作成した体裁になっています

まとめ

・要介護認定の更新時期は、確認・準備等することが多いので、本帳票を活用して抜けや漏れを防ぐように留意しましょう。

・管理者が職員の業務を管理する際や、新人教育のツールとしても活用できます。

05 サービス担当者会議業務管理表

POINT

複数の利用者の会議が同じ時期に重なったりすると、煩雑になりがちな業務です。チェックリストにすることで、利用者ごとに情報をしっかり整理・把握することができます。

帳票の目的

本帳票は、サービス担当者会議の開催が確定して、各種調整から会議開催、終了後に行うべきこと等、一連の流れを想定して、行う業務を概ね時系列に並べたものです。確実に漏れなく行うために活用します。

帳票の使用方法

チェックリスト化されているので、ケアマネジャー業務の標準化、個人の業務管理、管理者のマネジメントツール、新人教育に活用できる帳票です。

関係者が多く複雑なサービス担当者会議に関する業務を月に何件も並行して行うと、漏れや重複、手順の間違いが起こりやすくなります。各サービス事業者との情報共有、専門的見地からの意見聴取においても重要な会議のため、主宰者としてきちんと進める必要があります。

また本帳票は、運営基準の解釈通知の「サービス担当者会議の前に居宅サービス計画の原案を担当者に提供し、サービス担当者会議に個別サービス計画案の提出を求め、サービス担当者会議において情報の共有や調整を図るなどの手法も有効である」ことを標準としています。

サービス担当者会議業務管理表（例）

サービス担当者会議業務管理表（　　年　　月）

利用者氏名	利用者氏名	利用者氏名	利用者氏名
□市役所審査会日程確認	□市役所審査会日程確認	□市役所審査会日程確認	□市役所審査会日程確認
□家族連絡	□家族連絡	□家族連絡	□家族連絡
□保険証確認	□保険証確認	□保険証確認	□保険証確認
□（予防評価）	□（予防評価）	□（予防評価）	□（予防評価）
□主治医意見書確認	□主治医意見書確認	□主治医意見書確認	□主治医意見書確認
□ケアプラン原案作成	□ケアプラン原案作成	□ケアプラン原案作成	□ケアプラン原案作成
□主治医面談	□主治医面談	□主治医面談	□主治医面談
□日程調整	□日程調整	□日程調整	□日程調整
利用者・家族・包括・ヘルパー 訪入浴・訪看・訪リハ・デイ 通リハ・ショート・福祉用具 その他（　　　　　　）	利用者・家族・包括・ヘルパー 訪入浴・訪看・訪リハ・デイ 通リハ・ショート・福祉用具 その他（　　　　　　）	利用者・家族・包括・ヘルパー 訪入浴・訪看・訪リハ・デイ 通リハ・ショート・福祉用具 その他（　　　　　　）	利用者・家族・包括・ヘルパー 訪入浴・訪看・訪リハ・デイ 通リハ・ショート・福祉用具 その他（　　　　　　）
□欠席者意見照会	□欠席者意見照会	□欠席者意見照会	□欠席者意見照会
□レジメ作成	□レジメ作成	□レジメ作成	□レジメ作成
□レジメ・プラン原案配布	□レジメ・プラン原案配布	□レジメ・プラン原案配布	□レジメ・プラン原案配布
□会議実施	□会議実施	□会議実施	□会議実施
□プラン修正	□プラン修正	□プラン修正	□プラン修正
□（予防：包括コメント）	□（予防：包括コメント）	□（予防：包括コメント）	□（予防：包括コメント）
□利用者同意	□利用者同意	□利用者同意	□利用者同意
□議事録作成	□議事録作成	□議事録作成	□議事録作成
□議事録・プラン・提供票配布	□議事録・プラン・提供票配布	□議事録・プラン・提供票配布	□議事録・プラン・提供票配布
利用者・家族・包括・ヘルパー 訪入浴・訪看・訪リハ・デイ 通リハ・ショート・福祉用具 その他（　　　　　　）	利用者・家族・包括・ヘルパー 訪入浴・訪看・訪リハ・デイ 通リハ・ショート・福祉用具 その他（　　　　　　）	利用者・家族・包括・ヘルパー 訪入浴・訪看・訪リハ・デイ 通リハ・ショート・福祉用具 その他（　　　　　　）	利用者・家族・包括・ヘルパー 訪入浴・訪看・訪リハ・デイ 通リハ・ショート・福祉用具 その他（　　　　　　）

サービス担当者会議の開催が確定して、各種調整から会議開催、終了後に行うべきこと等、一連の流れを想定して、行う業務を概ね時系列に並べたものです

まとめ

- サービス担当者会議は、情報共有・意見聴取等からとても大切な会議です。当日の進行をスムーズに行うためにも本帳票を有効に活用しましょう。
- サービス担当者会議前にケアプラン原案を担当者に配付しておくことも、押さえておきたい手順の基本といえます。

06 利用者・家族への意向調査・アンケート

POINT

意向調査・アンケート等はケアマネジャーの業務について、利用者や家族に意見を聞くことができる便利なツールです。業務改善にも重要な役割を果たしてくれます。

帳票の目的

毎月モニタリングで会って話すとはいえ、面と向かっては言いづらいこともアンケートといった無記名の書面なら書けることがあります。こうした意向を確認する機会を定期的に設けることが大切です。ケアマネジャーの業務は、個人で訪問して行うことが多いため、管理者の目が行き届かないものです。業務の質を担保するためにも、こうした取り組みは欠かせません。

帳票の使用方法

アンケートは定期的に行うよう決めておくとよいでしょう。また、サービスの開始時の説明でアンケートがあることを伝えておくと、利用者・家族も安心でしょうし、協力してもらいやすくなるでしょう。

アンケートを依頼したら、必ず結果をフィードバックしてください。結果と合わせて改善への取り組みについて説明できると信頼感がアップします。家族会を開催して、アンケート結果の報告と家族同士の交流の場を設けることも有効です。

こうした姿勢で業務にあたれば、さらにさまざまな意見・要望等を言ってもらいやすくなり、サービスの質の向上にもつながります。

利用者・家族への意向調査・アンケート（例）

内容例（自由記述欄省略）

①	ケアマネジャーはケアプランを作る際、あなたの状況や要望について話を聞いてくれますか？
	1. よく聞いてくれる　2. まあまあ聞いてくれる　3. あまり聞いてくれない　4. 全く聞いてくれない
②	サービスを選択する際に、複数の選択肢を示し、それぞれの特徴について説明はありましたか？
	1. 十分にあった　2. まあまああった　3. 少々不足　4. なかった
③	ケアプランの説明はわかりやすいですか？
	1. 大変わかりやすい　2. まあまあわかりやすい　3. 少しわかりづらい　4. わかりづらい
④	ケアプランの内容について満足していますか？
	1. 大変満足している　2. まあまあ満足している　3. 少々不満　4. 不満
⑤	サービスについて満足していますか？
	1. 大変満足している　2. まあまあ満足している　3. 少々不満　4. 不満
⑥	ケアマネジャーに要望などを気軽に言うことができますか？
	1. 大変気軽に言える　2. まあまあ気軽に言える　3. あまり言えない　4. 全く言えない
⑦	ケアマネジャーは要望に対してきちんと対応してくれますか？
	1. きちんと対応してくれる　2. まあまあ対応してくれる　3. あまりきちんとは対応してくれない　4. 全く対応してくれない
⑧	ケアマネジャーはいつも礼儀正しく丁寧に対応していますか？
	1. 大変礼儀正しい　2. まあまあ礼儀正しい　3. あまり礼儀正しくない　4. 礼儀正しくない
⑨	その他、事業所や担当ケアマネジャーに対するご意見・ご要望など自由にお書きください。

居宅介護支援事業所として、どんな点を大事にしているかがアンケート項目に反映されます。毎回、こうした視点で内容の見直しを図ることも有効です

まとめ

- アンケートは、利用者・家族が意見を表明しやすいツールであり、業務改善の貴重な機会となります。
- 利用者・家族にも目的等をきちんと説明して、定期的に実施するようにしましょう。
- アンケート後は、きちんとフィードバックの機会を設けることが大切です。疎かにしないようにしましょう。

参考資料

CONTENTS

※ケアマネジャー業務においては、本編に収載した書類・帳票以外にも、触れる機会のある多くの書類・帳票があります。参考資料では、本編では紹介できなかったものの、是非知っておいてほしい書類・帳票例を紹介しています。なお、都道府県、市町村により様式が異なる場合もありますのでご了承ください。

居宅サービス計画作成依頼届出書

居宅サービス計画の作成を依頼する事業所について、市町村に提出する帳票。

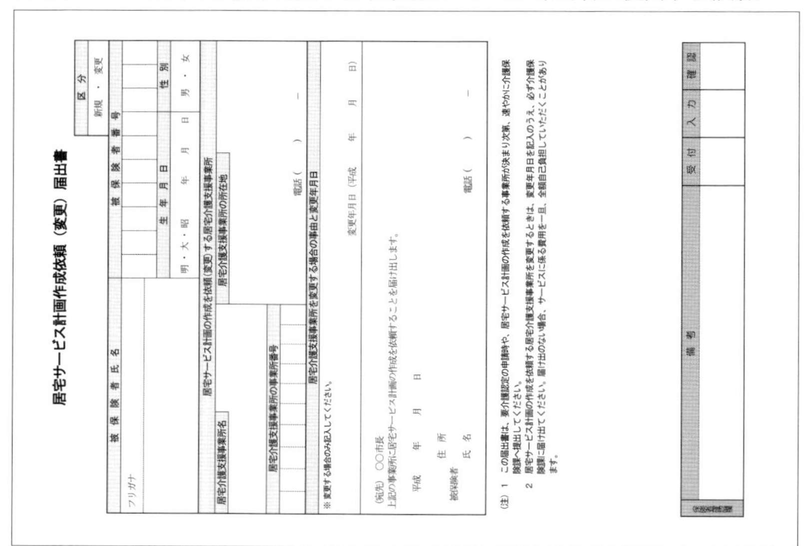

居宅サービス計画作成依頼（変更）届出書

区分
新規・変更

被保険者氏名	被保険者番号	
フリガナ		
	生年月日	性別
	明・大・昭　年　月　日	男・女

居宅サービス計画の作成を依頼（変更）する居宅介護支援事業所

居宅介護支援事業所名	居宅介護支援事業所の所在地
居宅介護支援事業所の事業所番号	電話（　　）ー

居宅介護支援事業所を変更する場合の事由と変更年月日

※変更する場合のみ記入してください。　変更年月日（平成　年　月　日）

（宛先）○○市長

上記の事業所に居宅サービス計画の作成を依頼することを届け出します。

平成　年　月　日

住所

被保険者　氏名　電話（　　）ー

(注) 1 この届出書は、要介護認定の申請時や、居宅サービス計画の作成を依頼する事業所が決まり次第、速やかに介護保険課へ提出してください。

2 居宅サービス計画の作成を依頼する居宅介護支援事業所を変更するときは、変更年月日を記入のうえ、必ず介護保険課に届け出てください。届け出のない場合、サービスに係る費用を一旦、全額自己負担していただくことがあります。

備考	受付	入力	確認

給付管理票総括票

給付管理票の実枚数を記載。月遅れ請求がある場合でも総括票は１枚になる。

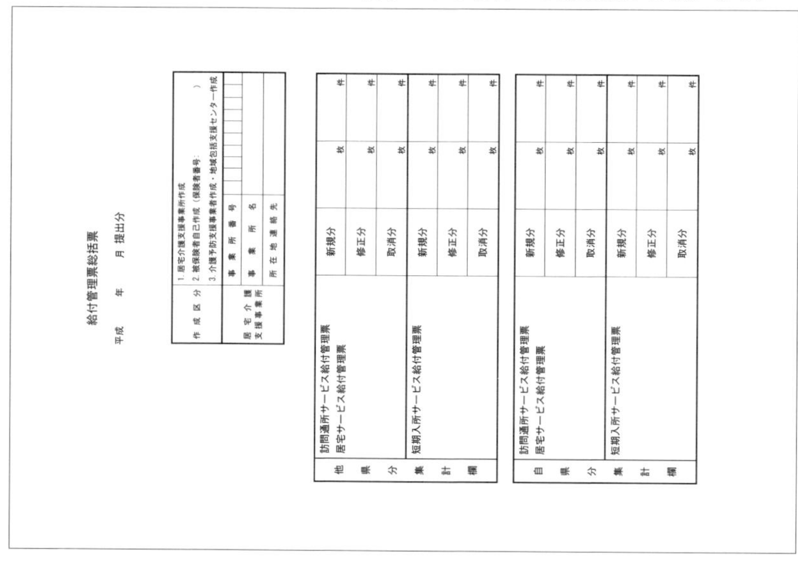

給付管理票総括票

平成　年　月　提出分

作成区分	1.居宅介護支援事業所作成 2.被保険者自己作成（保険者番号：　） 3.介護予防支援事業者作成・地域包括支援センター作成
居宅介護支援事業所 事業所番号	
事業所名	
所在地連絡先	

他県分集計欄			
訪問通所サービス給付管理票 居宅サービス給付管理票	新規分	枚	件
	修正分	枚	件
	取消分	枚	件
短期入所サービス給付管理票	新規分	枚	件
	修正分	枚	件
	取消分	枚	件

自県分集計欄			
訪問通所サービス給付管理票 居宅サービス給付管理票	新規分	枚	件
	修正分	枚	件
	取消分	枚	件
短期入所サービス給付管理票	新規分	枚	件
	修正分	枚	件
	取消分	枚	件

給付管理票

居宅介護支援事業者が、個々の利用者ごとの介護サービス給付額の実績から作成。

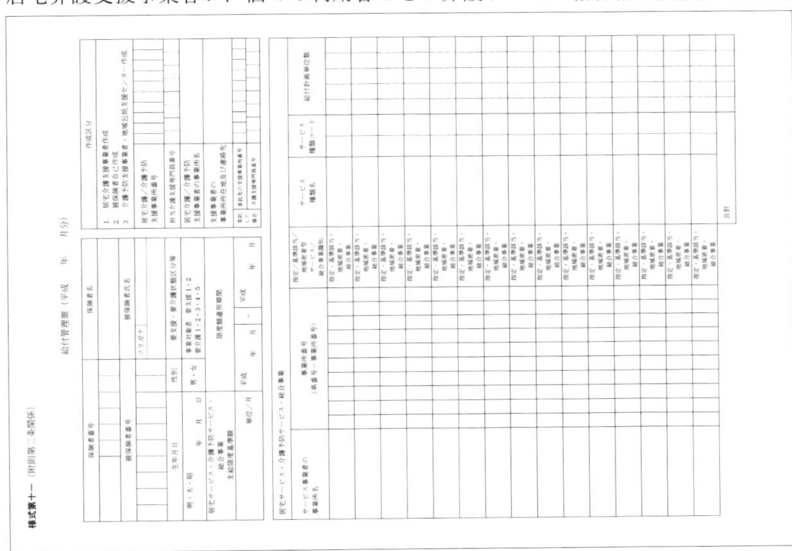

様式第十一（附則第二条関係）

給付管理票（平成　年　月分）

保険者番号　保険者名

被保険者番号　被保険者氏名　フリガナ

生年月日　明・大・昭　年　月　日　性別　男・女　要支援・要介護状態区分等　事業対象者　要支援1・2　要介護1・2・3・4・5

居宅サービス・介護予防サービス・総合事業　支給限度基準額　単位／月　限度額適用期間　平成　年　月　～　平成　年　月

作成区分　1. 居宅介護支援事業者作成　2. 被保険者自己作成　3. 介護予防支援事業者・地域包括支援センター作成

居宅介護／介護予防支援事業所番号

担当介護支援専門員番号

居宅介護／介護予防支援事業者の事業所名

支援事業者の事業所所在地及び連絡先

委託した場合　委託先の支援事業所番号　介護支援専門員番号

居宅サービス・介護予防サービス・総合事業

サービス事業者の事業所名　事業所番号（保番号・事業所番号）　指定／基準該当／地域密着型サービス／総合事業識別　サービス種類名　サービス種類コード　給付計画単位数

合計

介護給付費明細書

個々の利用者の請求内容について記載。請求する利用者の数だけ作成する。

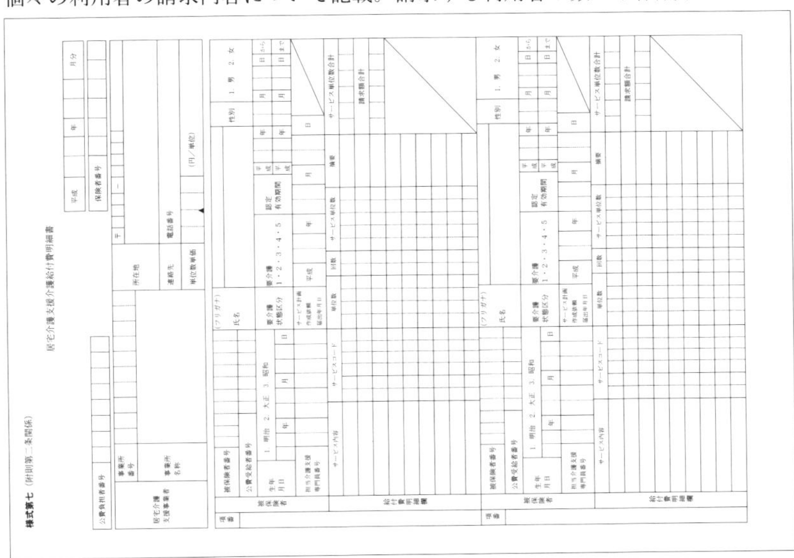

様式第七（附則第二条関係）

居宅介護支援介護給付費明細書

平成　年　月分

公費負担者番号　保険者番号

居宅介護支援事業者　事業所番号　事業所名称　所在地　〒　連絡先　電話番号　単位数単価　（円/単位）

通番

居宅保険者　被保険者番号　公費受給者番号　生年月日　1 明治　2 大正　3 昭和　年　月　日　（フリガナ）　氏名　性別　1. 男　2. 女

要介護状態区分　要介護　1・2・3・4・5　認定有効期間　平成　年　月　日から　平成　年　月　日まで

担当介護支援専門員番号　サービス計画作成依頼届出年月日　平成　年　月　日

給付費明細欄　サービス内容　サービスコード　単位数　回数　サービス単位数　摘要

サービス単位数合計

請求額合計

取り下げ依頼書

請求明細の記載誤り等により、実績と異なる額で請求し支払われた場合に用いる。

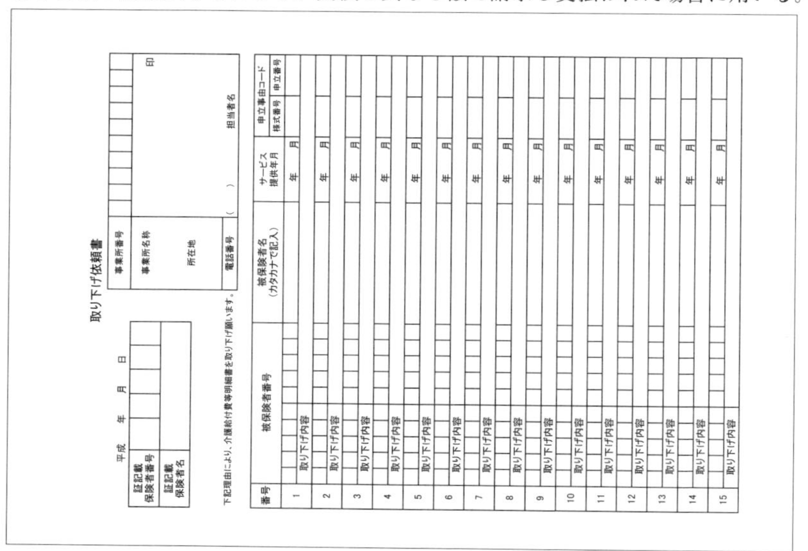

取り下げ依頼書

平成　　年　　月　　日

証記載保険者番号	
証記載保険者名	

事業所番号	
事業所名称	印
所在地	
電話番号	（　　）　担当者名

下記理由により、介護給付費等明細書を取り下げ願います。

番号	被保険者番号	被保険者名（カタカナで記入）	サービス提供年月	申立事由コード 様式番号	申立事由コード 申立番号
1	取り下げ内容		年　月		
2	取り下げ内容		年　月		
3	取り下げ内容		年　月		
4	取り下げ内容		年　月		
5	取り下げ内容		年　月		
6	取り下げ内容		年　月		
7	取り下げ内容		年　月		
8	取り下げ内容		年　月		
9	取り下げ内容		年　月		
10	取り下げ内容		年　月		
11	取り下げ内容		年　月		
12	取り下げ内容		年　月		
13	取り下げ内容		年　月		
14	取り下げ内容		年　月		
15	取り下げ内容		年　月		

請求明細書・給付管理票返戻（保留）一覧表

返戻（へんれい）（保留）となった「介護給付費明細書」等を事業所へ通知するために作成する。

※介護予防・日常生活支援総合事業分については、様式は別様式となるが、介護給付分と見方は同様となります。

請求明細書・給付管理票返戻（保留）一覧表

事業所（保険者）番号	
事業所（保険者）名	○○介護事業所

平成　　年　月審査分

平成　　年　月　　日

1 頁

○○○国民健康保険団体連合会

保険者（事業所）番号 保険者（事業所）名	被保険者番号 被保険者氏名	種別	サービス提供年月	サービス種類	サービス項目等	単位数 特定入所者介護費等	事由	内　　容	備考

※　種別　：サ…サービス計画費請求明細書、　請…請求明細書、　給…給付管理票　　ケ…介護予防ケアマネジメント費請求明細書（※総合事業の場合に限る）

※　サービス項目等：審査エラーによる返戻のうち、明細情報と特定入所情報のエラーにはサービス項目コード、特定情報のエラーには識別番号が出力されます。

※　備考の保留は、当月審査分において居宅介護支援事業所又は地域包括支援センターから給付管理票の提出がないため、保留扱いとしたものである。

介護給付費等支払決定額通知書

国保連で審査・決定した介護給付費の支払額を通知する帳票。

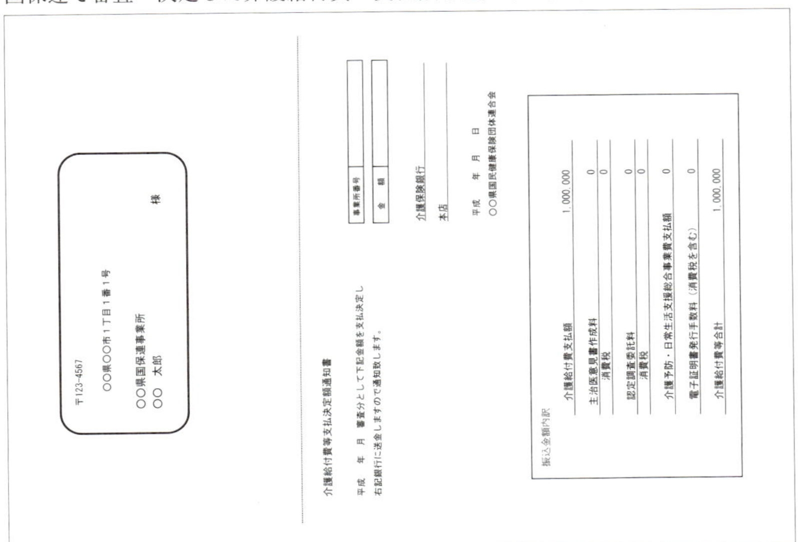

〒123-4567
○○県○○市1丁目1番1号
○○県国保連事業所
○○　太郎　様

介護給付費等支払決定額通知書

平成　年　月　審査分として下記金額を支払決定し
右記銀行に送金しますので通知致します。

事業所番号
金額

介護保険銀行
本店

平成　年　月　日
○○県国民健康保険団体連合会

振込金額内訳

介護給付費支払額	1,000,000
主治医意見書作成料	0
消費税	0
認定調査委託料	0
消費税	0
介護予防・日常生活支援総合事業費支払額	0
電子証明書発行手数料（消費税を含む）	0
介護給付費等合計	1,000,000

介護給付費等支払決定額内訳書

国保連で審査・決定した介護給付費の内訳を通知する帳票。

国保連合会→事業所

介護給付費等支払決定額内訳書

平成　年　月　審査分

※介護予防・日常生活支援総合事業分については、様式は別様式となるが、介護給付分と見方は同様となります。

平成　年　月　日
1頁
国民健康保険団体連合会

事業所番号	事業所名
	○○介護事業所

保険者番号（公費負担者番号）	サービス提供年月	サービス種類名	審査決定 件数	審査決定 日数（回数） 日（回）	審査決定 単位数 単位	審査決定 金額 円	保険者（公費負担者）負担金額（特定入所者介護費等）	備考
審査決定	介護サービス費							
	特定入所者介護費等							
過誤調整	介護サービス費							
	特定入所者介護費等							
支払決定	介護サービス費							
	特定入所者介護費等							

※1　下段は特定入所者介護サービス費等です。
※2　特定入所者介護サービス費等の件数、日数は再掲です。
※3　単位数、金額、保険者（公費負担者）負担金額（特定入所者介護費等）の各欄は介護保険給付と公費給付の合算です（生保単独を除く）。
※4　過誤調整の内訳については、介護給付費過誤決定通知書、介護給付費再審査決定通知書に記載しています。

介護保険（要介護・要支援認定）申請書

要介護（要支援）認定を市町村に申請する帳票。新規、更新、変更の際に用いる。

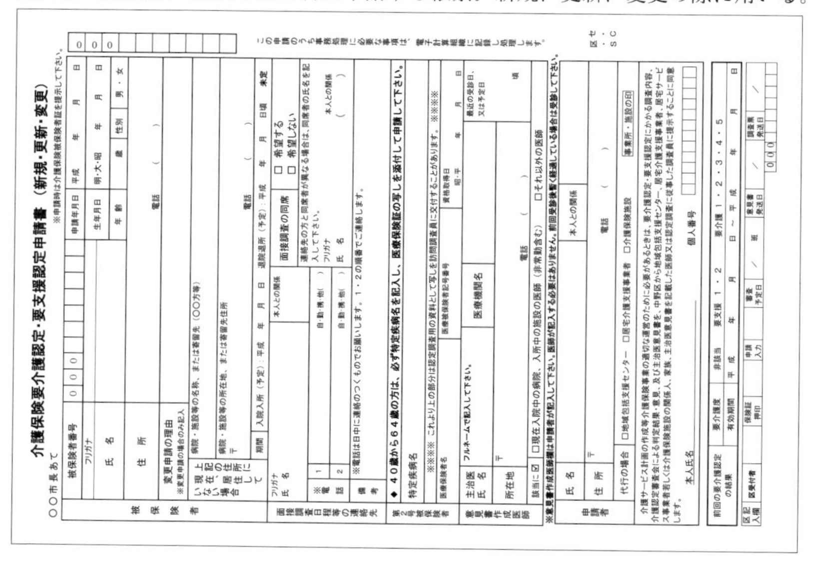

介護保険要介護認定・要支援認定申請書（新規・更新・変更）

○○市長あて

※申請時は介護保険被保険者証を提示して下さい。

被保険者番号 0 0 0 ／ 申請年月日 平成 年 月 日

フリガナ ／ 氏名 ／ 生年月日 明・大・昭 年 月 日 ／ 年齢 歳 ／ 性別 男・女

住所 ／ 電話（ ）

変更申請の理由 ※変更申請の場合のみ記入

現在、上記の住所に居住していない場合

病院・施設等の名称、または寄留先（○○方等）

病院・施設等の所在地、または寄留先住所 〒

期間 入院入所（予定）：平成 年 月 日 退院退所（予定）：平成 年 月 日 電話（ ）

面接調査日程等の連絡先 フリガナ 氏名 ／ 本人との関係 ／ 面接調査の同席 □希望する □希望しない

※電話 1 自・勤・携・他（ ） 2 自・勤・携・他（ ）

※連絡先の方と同席者が異なる場合は、同席者の氏名を記入して下さい。 フリガナ 氏名 本人との関係（ ）

※電話は日中に連絡のつくものでお願いします。1・2の順番でご連絡します。

備考

◆ 40歳から64歳の方は、必ず特定疾病名を記入し、医療保険証の写しを添付して申請して下さい。

第2号被保険者 特定疾病名

※※※ これより上の部分は認定調査用の資料として写しを訪問調査員に交付することがあります。※※※

医療保険者名 ／ 医療保険被保険者記号番号 ／ 資格取得日 昭・平 年 月

主治医 氏名（フルネームで記入して下さい。） ／ 医療機関名 ／ 最近の受診日、又は予定日 ／ 所在地 〒 ／ 電話（ ）

該当に☑ □現在入院・入所中の病院、入所中の施設の医師（非常勤含む） □それ以外の医師

※意見書作成医師欄は申請者が記入して下さい。医師が記入する必要はありません。前回受診者(経過している場合は受診して下さい。

申請者 氏名 ／ 本人との関係 ／ 住所 〒 ／ 電話（ ）

代行の場合 □地域包括支援センター □居宅介護支援事業者 □介護保険施設 ／ 事業所・施設の印

介護サービス計画の作成等介護保険事業の適切な運営のために必要があるときは、要介護認定・要支援認定にかかる調査内容、介護認定審査会による判定結果・意見、及び主治医意見書を、中野区から地域包括支援センター、居宅介護支援事業者、居宅サービス事業者若しくは介護保険施設の関係人、主治医意見書を記載した医師又は認定調査に従事した調査員に提示することに同意します。

本人氏名 ／ 個人番号

前回の要介護認定の結果 ／ 要介護度 非該当 要支援 1・2 要介護 1・2・3・4・5 ／ 有効期間 平成 年 月 日 ～ 平成 年 月 日

区記入欄 ／ 区受付者 ／ 保険証押印 ／ 申請入力 ／ 審査予定日 ／ 意見書発送日 ／ 調査票発送日

介護保険被保険者証未添付理由書

介護認定の申請の際に介護保険被保険者証が見あたらない場合に用いる。

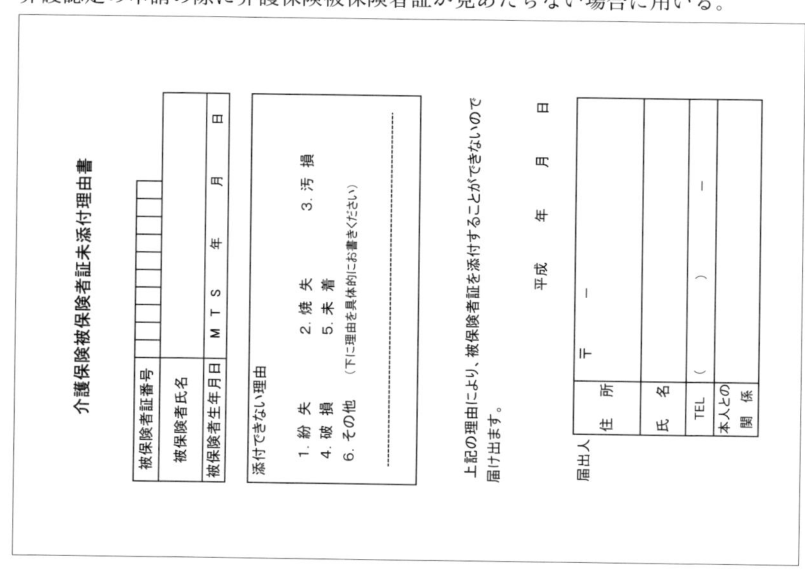

介護保険被保険者証未添付理由書

被保険者証番号	
被保険者氏名	
被保険者生年月日	M T S 年 月 日

添付できない理由

1. 紛失　2. 焼失　3. 汚損
4. 破損　5. 未着
6. その他　（下に理由を具体的にお書きください）

上記の理由により、被保険者証を添付することができないので届け出ます。

平成 年 月 日

届出人

住所	〒 －
氏名	
TEL	（ ） －
本人との関係	

介護保険被保険者証資格喪失届兼被保険者証再交付申請書

要介護者が亡くなった際や被保険者証の紛失時等に資格喪失、再交付を申請する。

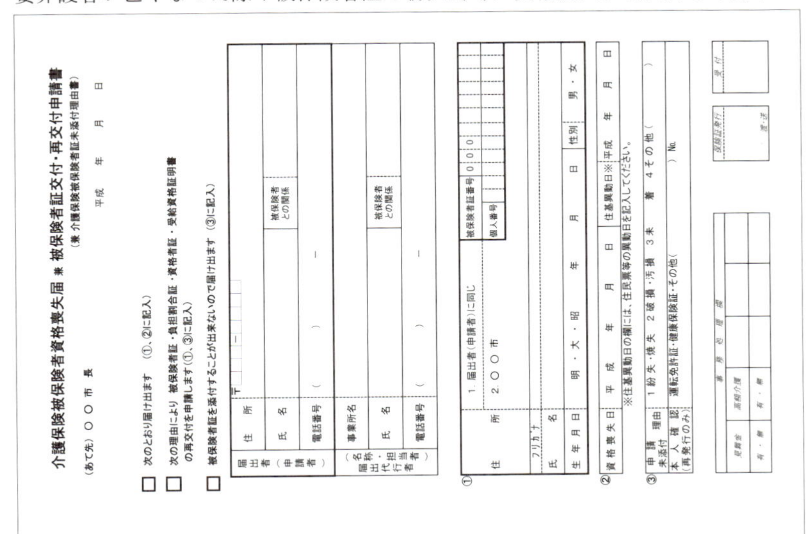

介護保険被保険者資格喪失届 兼 被保険者証交付・再交付申請書
（兼 介護保険被保険者証未添付理由書）

（あて先）○○市長

平成　　年　　月　　日

□ 次のとおり届け出ます　（①、②に記入）
□ 次の理由により 被保険者証・負担割合証・資格者証・受給資格証明書の再交付を申請します（①、③に記入）
□ 被保険者証を添付することが出来ないので届け出ます（③に記入）

届出者（申請者）	住所	〒	
	氏名		被保険者との関係
	電話番号	（　　）　　－	
届出代行者（名称・担当者）	事業所名		
	氏名		被保険者との関係
	電話番号	（　　）　　－	

①

住所	1. 届出者（申請者）に同じ　2. ○○市	被保険者証番号	0 0 0
		個人番号	
フリガナ			
氏名			
生年月日	明・大・昭　　年　　月　　日	性別	男・女

②

資格喪失日	平成　　年　　月　　日	住基異動日※	平成　　年　　月　　日

※住基異動日の欄には、住民票等の異動日を記入してください。

③

申請理由 未添付	1 紛失・焼失　2 破損・汚損　3 未着　4 その他（　　）
本人確認（再発行のみ）	運転免許証・健康保険証・その他（　　）№

受付　　返却証発行　　窓口

事務処理欄		
見舞金	高額介護	
有・無	有・無	

介護保険料減免申請書

災害による収入減少等特別な事情があり介護保険料の減免を申請する際に用いる。

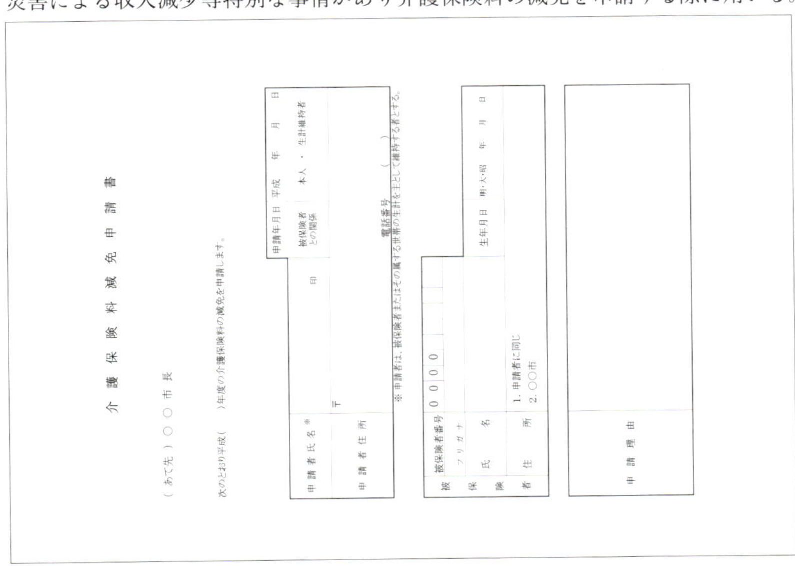

介護保険料減免申請書

（あて先）○○市長

次のとおり平成（　　）年度の介護保険料の減免を申請します。

申請年月日	平成　　年　　月　　日		
申請者氏名※	印	被保険者との関係	本人・生計維持者
申請者住所	〒	電話番号	（　　）

※申請者は、被保険者または被保険者の属する世帯の生計を主として維持する者とする。

被保険者	被保険者番号	0 0 0 0		
	フリガナ			
	氏名		生年月日	明・大・昭　　年　　月　　日
	住所	1. 申請者に同じ 2. ○○市		

申請理由	

参考資料

認定調査委託料請求書

認定調査の委託料について、市町村に請求する際に用いる帳票。

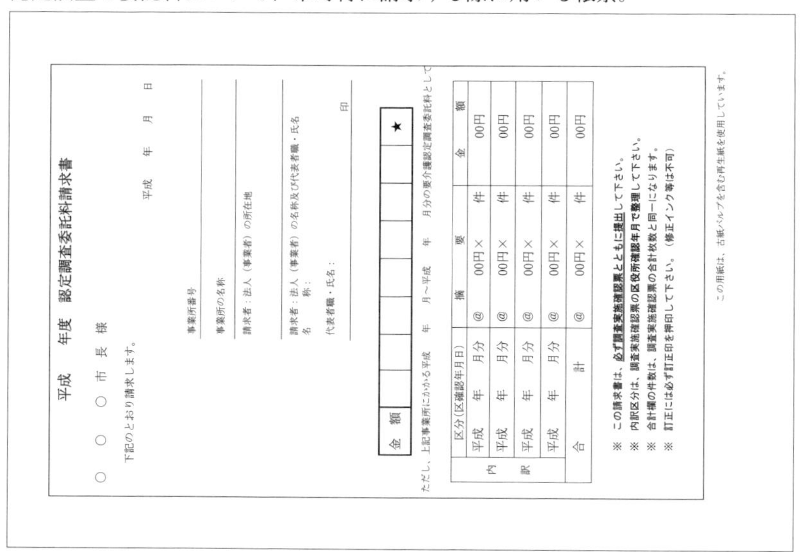

平成　　年度　認定調査委託料請求書

平成　　年　　月　　日

○　○　市長　様

下記のとおり請求します。

事業所番号

事業所の名称

請求者：法人（事業者）の所在地

請求者：法人（事業者）の名称及び代表者職・氏名

名　称：

代表者職・氏名：　　　　　　　　印

金　額							★

ただし、上記事業所にかかる平成　　年　　月～平成　　年　　月分の要介護認定調査委託料として

	区分（区確認年月日）	摘　　要	金　額
内訳	平成　　年　　月分	@　　00円×　　件	00円
	平成　　年　　月分	@　　00円×　　件	00円
	平成　　年　　月分	@　　00円×　　件	00円
	平成　　年　　月分	@　　00円×　　件	00円
合　　　計		@　　00円×　　件	00円

※　この請求書は、**必ず調査実施確認票とともに提出**して下さい。

※　内訳区分は、調査実施確認票の**区役所確認年月で整理**して下さい。

※　合計欄の件数は、調査実施確認票の合計枚数と同一になります。

※　訂正には必ず訂正印を押印して下さい。（修正インク等は不可）

この用紙は、古紙パルプを含む再生紙を使用しています。

居宅介護支援提供証明書（サービス提供証明書）

給付制限等で償還払いとなった場合に、サービスを提供したことを証明する帳票。

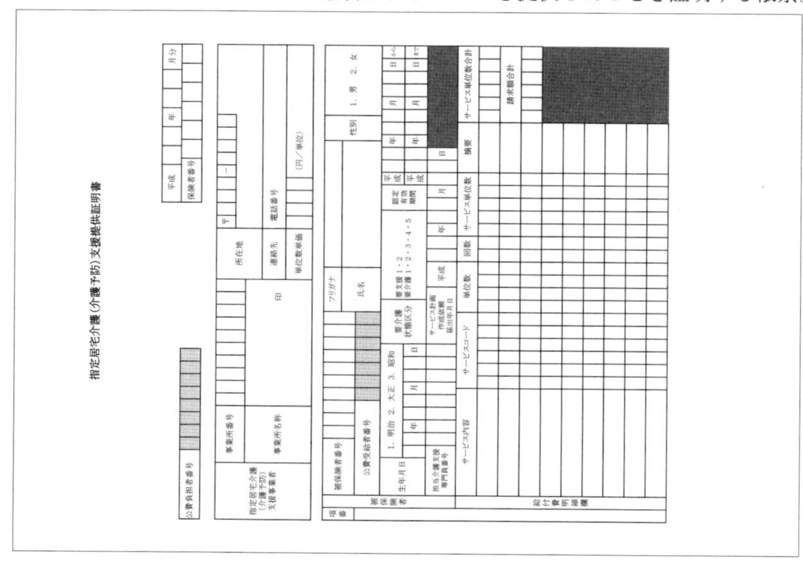

指定居宅介護（介護予防）支援提供証明書

平成　　年　　月分

公費負担者番号

保険者番号

指定居宅介護（介護予防）支援事業者

事業所番号

事業所名称

所在地　〒　　－

連絡先　電話番号

単位数単価　　（円／単位）

印

被保険者

被保険者番号

公費受給者番号

フリガナ

氏名

生年月日　1. 明治　2. 大正　3. 昭和　　年　　月　　日

性別　1. 男　2. 女

要介護状態区分　要支援1・2　要介護1・2・3・4・5

認定有効期間　平成　　年　　月　　日から　平成　　年　　月　　日まで

担当介護支援専門員番号

サービス計画作成依頼届出年月日　平成　　年　　月　　日

給付費明細欄

サービス内容	サービスコード	単位数	回数	サービス単位数	摘要

サービス単位数合計

請求額合計

介護保険居宅介護・介護予防福祉用具購入費支給申請書<償還払用>

入浴や排泄等に用いる福祉用具を購入し、市町村へ購入費を申請する際に用いる。

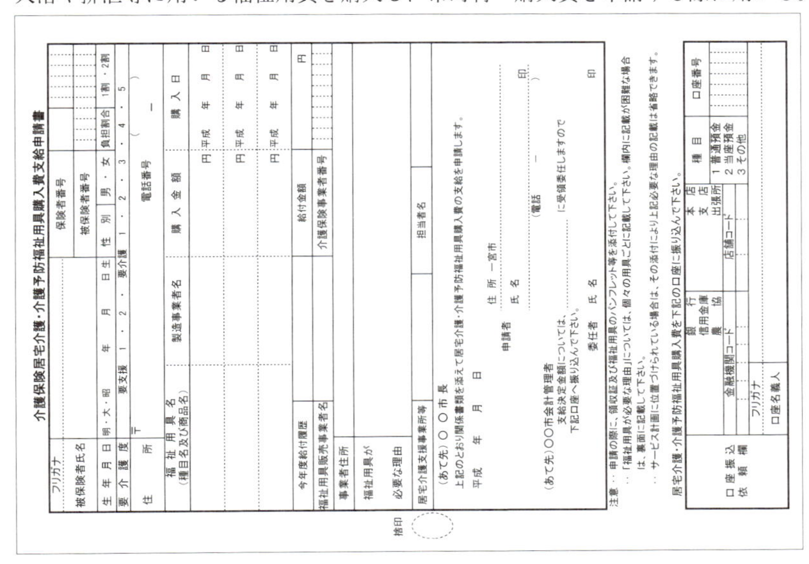

介護保険居宅介護・介護予防福祉用具購入費支給申請書

フリガナ		保険者番号	
被保険者氏名		被保険者番号	
生年月日	明・大・昭　年　月　日生	性別	男・女	負担割合 1割・2割
要介護度	要支援 1・2・要介護 1・2・3・4・5		
住所	〒	電話番号	(　) −

福祉用具名（種目名及び商品名）	製造事業者名	購入金額	購入日
		円	平成　年　月　日
		円	平成　年　月　日
		円	平成　年　月　日

今年度給付履歴		給付金額	円
福祉用具販売事業者名		介護保険事業者番号	
事業者住所			
福祉用具が必要な理由			
居宅介護支援事業所等		担当者名	

捨印

（あて先）○ ○ 市 長

上記のとおり関係書類を添えて居宅介護・介護予防福祉用具購入費の支給を申請します。

平成　年　月　日

申請者　住所　一宮市

氏名　印

（電話　−　）

（あて先）○○市会計管理者

支給決定金額については、＿＿＿＿に受領委任しますので下記口座へ振り込んで下さい。

委任者　氏名　印

注意・・申請の際に、領収証及び福祉用具のパンフレット等を添付して下さい。

・・「福祉用具が必要な理由」については、個々の用具ごとに記載して下さい。欄内に記載が困難な場合は、裏面に記載して下さい。

・・サービス計画に位置づけられている場合は、その添付により上記必要な理由の記載は省略できます。

居宅介護・介護予防福祉用具購入費を下記の口座に振り込んで下さい。

口座振込依頼欄	銀行・信用金庫・農協	本店・支店・出張所	種目	口座番号
	金融機関コード	店舗コード	1 普通預金 2 当座預金 3 その他	
	フリガナ			
	口座名義人			

住所地特例適用・変更・終了届

住所地特例に係る事由で異動があった際、被保険者が届出を行う際に用いる帳票。

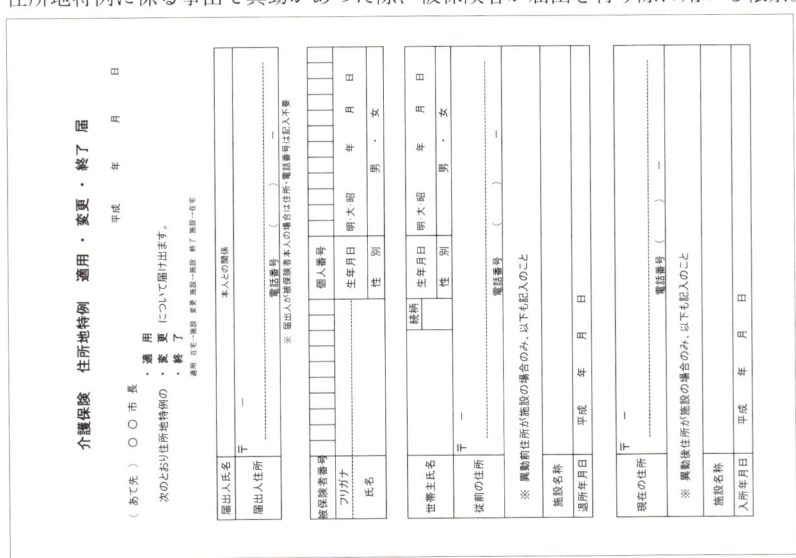

介護保険　住所地特例　適用・変更・終了 届

平成　年　月　日

（あて先）○ ○ 市 長

次のとおり住所地特例の ・適用 ・変更 ・終了 について届け出ます。

適用 住宅→施設　変更 施設→施設　終了 施設→住宅

届出人氏名	本人との関係
届出人住所	〒　− 電話番号 (　) −

※ 届出人が被保険者本人の場合は住所・電話番号は記入不要

被保険者番号		個人番号	
フリガナ		生年月日	明・大・昭　年　月　日
氏名		性別	男・女

世帯主氏名		続柄	生年月日	明・大・昭　年　月　日
			性別	男・女
従前の住所	〒　− 電話番号 (　) −			

※ 異動前住所が施設の場合のみ、以下も記入のこと

施設名称	
退所年月日	平成　年　月　日

現在の住所	〒　− 電話番号 (　) −

※ 異動後住所が施設の場合のみ、以下も記入のこと

施設名称	
入所年月日	平成　年　月　日

参考資料

介護報酬の算定構造

算定基準をもとに（基本報酬）加算等が記載された一覧。下記は居宅介護支援費。

Ⅱ　指定居宅介護支援介護給付費単位数の算定構造

居宅介護支援費

基本部分				注 運営基準減算	注 特別地域居宅介護支援加算	注 中山間地域等における小規模事業所加算	注 中山間地域等に居住する者へのサービス提供加算	注 特定事業所集中減算
イ 居宅介護支援費（1月につき）	(1) 居宅介護支援費(Ⅰ) 要介護1･2 （1，042単位） 要介護3･4･5 （1，353単位）	(2) 居宅介護支援費(Ⅱ) （※）	要介護1･2 （ 521単位 ）	（運営基準減算の場合） ×50／100 （運営基準減算が2月以上継続している場合） 算定しない	+15／100	+10／100	+5／100	1月につき −200単位
			要介護3･4･5 （ 677単位 ）					
		(3) 居宅介護支援費(Ⅲ) （※）	要介護1･2 （ 313単位 ）					
			要介護3･4･5 （ 406単位 ）					

加算	区分	単位
ロ 初回加算		（1月につき ＋300単位）
ハ 特定事業所加算	(1) 特定事業所加算(Ⅰ)	（1月につき ＋500単位）
	(2) 特定事業所加算(Ⅱ)	（1月につき ＋400単位）
	(3) 特定事業所加算(Ⅲ)	（1月につき ＋300単位）
ニ 入院時情報連携加算	(1) 入院時情報連携加算(Ⅰ)	（1月につき ＋200単位）
	(2) 入院時情報連携加算(Ⅱ)	（1月につき ＋100単位）
ホ 退院･退所加算		（入院または入所期間中3回を限度に ＋300単位）
ヘ 小規模多機能型居宅介護事業所連携加算		（ ＋300単位）
ト 看護小規模多機能型居宅介護事業所連携加算		（ ＋300単位）
チ 緊急時等居宅カンファレンス加算		（1月に2回を限度に ＋200単位）

※居宅介護支援費(Ⅱ)･(Ⅲ)については、介護支援専門員1人当たりの取扱件数が40件以上である場合、40件以上60件未満の部分については(Ⅱ)を、60件以上の部分については(Ⅲ)を算定する。

介護給付費単位数等サービスコード表

算定基準をもとに基本報酬・加算等をコード、略称等で詳細に表した一覧表。

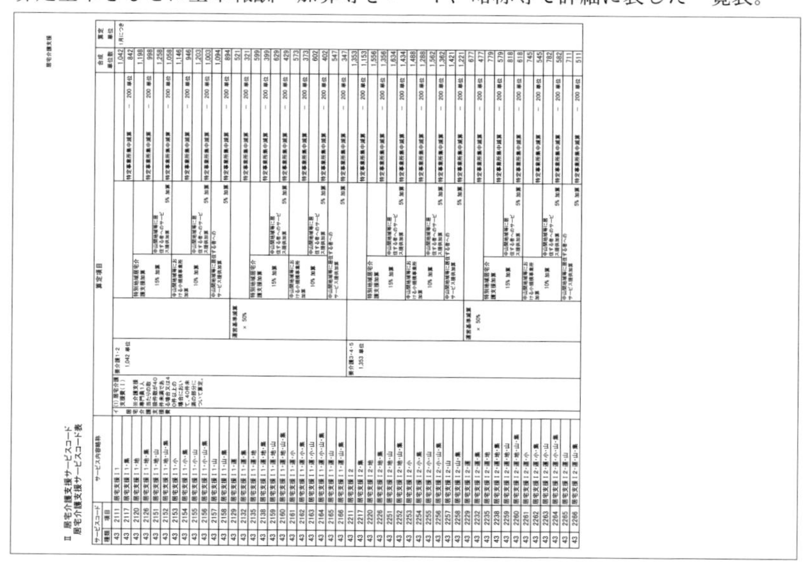

居宅介護支援

Ⅱ　居宅介護支援サービスコード
居宅介護支援サービスコード表

種類	項目	サービス内容略称	算定項目						合成単位数	算定単位
43	2111	居宅支援Ⅰ1	イ 居宅介護支援費 (1) 居宅介護支援費(Ⅰ) ※介護支援専門員1人当たりの取扱件数が40件未満である場合又は40件以上の場合において、40件未満の部分について算定。	要介護1･2 1,042 単位					1,042	1月につき
43	2117	居宅支援Ⅰ1･集						特定事業所集中減算 − 200 単位	842	
43	2120	居宅支援Ⅰ1･地				特別地域居宅介護支援加算 15% 加算			1,198	
43	2126	居宅支援Ⅰ1･地･集						特定事業所集中減算 − 200 単位	998	
43	2151	居宅支援Ⅰ1･地･山					中山間地域等に居住する者へのサービス提供加算 5% 加算		1,258	
43	2152	居宅支援Ⅰ1･地･山･集						特定事業所集中減算 − 200 単位	1,058	
43	2153	居宅支援Ⅰ1･小				中山間地域等における小規模事業所加算 10% 加算			1,146	
43	2154	居宅支援Ⅰ1･小･集						特定事業所集中減算 − 200 単位	946	
43	2155	居宅支援Ⅰ1･小･山					中山間地域等に居住する者へのサービス提供加算 5% 加算		1,203	
43	2156	居宅支援Ⅰ1･小･山･集						特定事業所集中減算 − 200 単位	1,003	
43	2157	居宅支援Ⅰ1･山				中山間地域等に居住する者へのサービス提供加算 5% 加算			1,094	
43	2158	居宅支援Ⅰ1･山･集						特定事業所集中減算 − 200 単位	894	
43	2129	居宅支援Ⅰ1･運			運営基準減算 × 50%				521	
43	2132	居宅支援Ⅰ1･運･集						特定事業所集中減算 − 200 単位	321	
43	2135	居宅支援Ⅰ1･運･地				特別地域居宅介護支援加算 15% 加算			599	
43	2138	居宅支援Ⅰ1･運･地･集						特定事業所集中減算 − 200 単位	399	
43	2159	居宅支援Ⅰ1･運･地･山					中山間地域等に居住する者へのサービス提供加算 5% 加算		629	
43	2160	居宅支援Ⅰ1･運･地･山･集						特定事業所集中減算 − 200 単位	429	
43	2161	居宅支援Ⅰ1･運･小				中山間地域等における小規模事業所加算 10% 加算			573	
43	2162	居宅支援Ⅰ1･運･小･集						特定事業所集中減算 − 200 単位	373	
43	2163	居宅支援Ⅰ1･運･小･山					中山間地域等に居住する者へのサービス提供加算 5% 加算		602	
43	2164	居宅支援Ⅰ1･運･小･山･集						特定事業所集中減算 − 200 単位	402	
43	2165	居宅支援Ⅰ1･運･山				中山間地域等に居住する者へのサービス提供加算 5% 加算			547	
43	2166	居宅支援Ⅰ1･運･山･集						特定事業所集中減算 − 200 単位	347	
43	2211	居宅支援Ⅰ2		要介護3･4･5 1,353 単位					1,353	
43	2217	居宅支援Ⅰ2･集						特定事業所集中減算 − 200 単位	1,153	
43	2220	居宅支援Ⅰ2･地				特別地域居宅介護支援加算 15% 加算			1,556	
43	2226	居宅支援Ⅰ2･地･集						特定事業所集中減算 − 200 単位	1,356	
43	2251	居宅支援Ⅰ2･地･山					中山間地域等に居住する者へのサービス提供加算 5% 加算		1,634	
43	2252	居宅支援Ⅰ2･地･山･集						特定事業所集中減算 − 200 単位	1,434	
43	2253	居宅支援Ⅰ2･小				中山間地域等における小規模事業所加算 10% 加算			1,488	
43	2254	居宅支援Ⅰ2･小･集						特定事業所集中減算 − 200 単位	1,288	
43	2255	居宅支援Ⅰ2･小･山					中山間地域等に居住する者へのサービス提供加算 5% 加算		1,562	
43	2256	居宅支援Ⅰ2･小･山･集						特定事業所集中減算 − 200 単位	1,362	
43	2257	居宅支援Ⅰ2･山				中山間地域等に居住する者へのサービス提供加算 5% 加算			1,421	
43	2258	居宅支援Ⅰ2･山･集						特定事業所集中減算 − 200 単位	1,221	
43	2229	居宅支援Ⅰ2･運			運営基準減算 × 50%				677	
43	2232	居宅支援Ⅰ2･運･集						特定事業所集中減算 − 200 単位	477	
43	2235	居宅支援Ⅰ2･運･地				特別地域居宅介護支援加算 15% 加算			779	
43	2238	居宅支援Ⅰ2･運･地･集						特定事業所集中減算 − 200 単位	579	
43	2259	居宅支援Ⅰ2･運･地･山					中山間地域等に居住する者へのサービス提供加算 5% 加算		818	
43	2260	居宅支援Ⅰ2･運･地･山･集						特定事業所集中減算 − 200 単位	618	
43	2261	居宅支援Ⅰ2･運･小				中山間地域等における小規模事業所加算 10% 加算			745	
43	2262	居宅支援Ⅰ2･運･小･集						特定事業所集中減算 − 200 単位	545	
43	2263	居宅支援Ⅰ2･運･小･山					中山間地域等に居住する者へのサービス提供加算 5% 加算		782	
43	2264	居宅支援Ⅰ2･運･小･山･集						特定事業所集中減算 − 200 単位	582	
43	2265	居宅支援Ⅰ2･運･山				中山間地域等に居住する者へのサービス提供加算 5% 加算			711	
43	2266	居宅支援Ⅰ2･運･山･集						特定事業所集中減算 − 200 単位	511	

主治の医師等の意見等（医療系サービス利用時）※様式例は訪問看護のもの

ケアプランに医療系サービスを位置付ける場合、主治医に指示を確認する帳票。

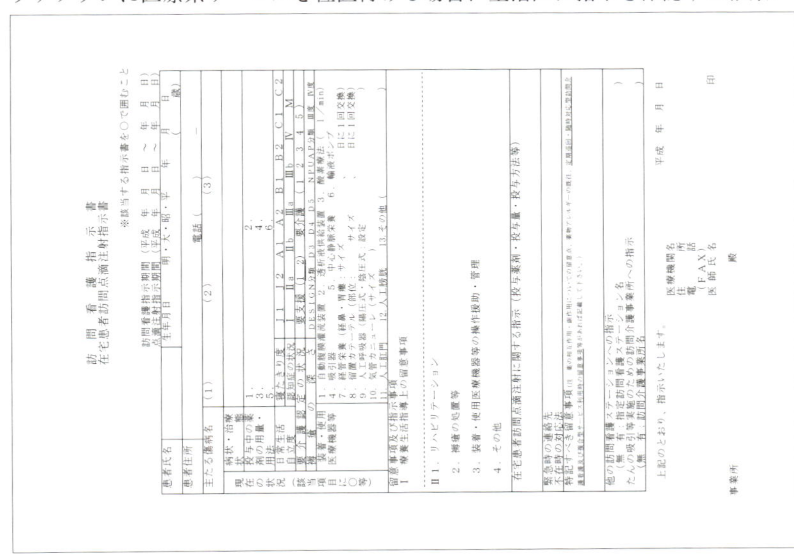

訪問看護指示書
在宅患者訪問点滴注射指示書

※該当する指示書を○で囲むこと

訪問看護指示期間（平成 年 月 日 ～ 年 月 日）
点滴注射指示期間（平成 年 月 日 ～ 年 月 日）

患者氏名　生年月日　明・大・昭・平 年 月 日（ 歳）
患者住所　電話（ ）

主たる傷病名 (1) (2) (3)

現在の状況（該当項目に○等）
病状・治療状態
投与中の薬剤の用量・用法 1. 2. 3. 4. 5. 6.
日常生活自立度　寝たきり度 J1 J2 A1 A2 B1 B2 C1 C2
認知症の状況 I IIa IIb IIIa IIIb IV M
要介護認定の状況 要支援（1 2） 要介護（1 2 3 4 5）
褥瘡の深さ DESIGN分類 D3 D4 D5　NPUAP分類 III度 IV度
装着・使用医療機器等 1. 自動腹膜灌流装置 2. 透析液供給装置 3. 酸素療法（ l/min） 4. 吸引器 5. 中心静脈栄養 6. 輸液ポンプ 7. 経管栄養（経鼻・胃瘻：サイズ 、 日に1回交換） 8. 留置カテーテル（部位： サイズ 、 日に1回交換） 9. 人工呼吸器（陽圧式・陰圧式：設定 ） 10. 気管カニューレ（サイズ ） 11. 人工肛門 12. 人工膀胱 13. その他（ ）

留意事項及び指示事項
I 療養生活指導上の留意事項
II 1. リハビリテーション
2. 褥瘡の処置等
3. 装着・使用医療機器等の操作援助・管理
4. その他

在宅患者訪問点滴注射に関する指示（投与薬剤・投与量・投与方法等）

緊急時の連絡先
不在時の対応法
特記すべき留意事項

他の訪問看護ステーションへの指示
（無 有：指定訪問看護ステーション名 ）
たんの吸引等実施のための訪問介護事業所への指示
（無 有：訪問介護事業所名 ）

上記のとおり、指示いたします。
平成 年 月 日
医療機関名
住所
電話
（FAX）
医師氏名 印

事業所 殿

看護サマリー

利用者の状態や治療等の情報を要約。退院・転院後のケアの継続性のため作成。

看護連携サマリー ➡ 施設名

施設名：（記入者名： ）（作成日： 年 月 日）

利用者基本情報
氏名　生年月日 年 月 日 男・女
住所 市 町 番 TEL
主治医　担当看護師
入院日： 年 月 日
入院前のサービス利用：無 有（内容： ）
退院後のフォローアップ：病院外来・かかりつけ医・他（ ）

医療保険：□健康保険 □国保 □生保 □労災 □原爆
介護保険：□未申請 □申請中 □認定済（介護度 ）
居宅支援事業所名（ ）
身障手帳： 級（障害名 ）
特定疾患医療給付：□なし □あり

今回の入院目的と経過（関連する対応・手術歴があれば合せて記入）

現在の状態：
バイタルサイン 日付（ ）
血圧（ ）体温（ ）呼吸（ ）
脈拍（ 整・不整）最終排便（ ）
感染症 有・無（ ）

I 利用者の身体状態
① 寝たきり度 J ・ A_1 ・ A_2 ・ B_1 ・ B_2 ・ C_1 ・ C_2
② 麻痺：なし・左上肢・右上肢・左下肢・右下肢・程度（重・中・軽）
③ 起居・移動：自立・一部介助・座位・起居不能・その他（ ）
④ 歩行：自立・杖・歩行器・車椅子（一部介助・全介助）
⑤ 障害：視力（程度 ）・聴力（程度 ）
⑥ 意志の伝達：できる・時々できる・ほとんどできない・できない

看護・ケア上での注意点

II 生活支援の必要性
⑦ 排泄：自立・オムツ・ポータブル 尿便意（有・不明・無）
カテーテル（最後に挿入した日 交換頻度 ）
⑧ 食事：自立・一部介助・全介助・嚥下障害・咀嚼障害（有・無）
食事療法（有・無） 食事形態（普通・軟・流動）
⑨ 清潔：入浴・シャワー・清拭・口腔ケア（ ）
⑩ 更衣：自立・一部介助・全介助

看護・ケア上での注意点

III 医療処置の必要性
□①褥創 □②注射 □③点滴 □④経管栄養 □⑤IVH
□⑥吸引 □⑦HOT □⑧気管カニューレ □⑨人工呼吸器
□⑩膀胱留置カテーテル □⑪腎瘻・尿管皮膚瘻 □⑫ストーマケア
□⑬自己導尿 □⑭CAPD □⑮疼痛管理 □⑯ターミナル □⑰服薬
主な内服薬

具体的内容（内服薬も含む）

IV 社会的・介護力情報
□一人暮らし □同居（ ）
家族の支援体制（有・無）主介護者： 協力者：
□経済的・社会的問題（ ）
□家族が実施するケア状況
その他介護についての不安

病名・症状に対する説明と理解
診断名（ ）
既往症（ ）
医師の説明内容・理解・受け止め方

V その他（次回受診予定日等）

☆私は上記の情報を（病院・訪問看護ステーション・その他）に報告することを承諾いたします。
署名　（本人・本人との続柄 ）

参考文献

・後藤佳苗、榊原宏昌『早引きケアマネジャーのための介護報酬 加算・減算ハンドブック』ナツメ社、2015年
・榊原宏昌『居宅＆施設ケアプラン立案の方程式』日総研出版、2014年
・本間清文『〈図解〉給付管理もできる！新人ケアマネ即戦力化マニュアル』日総研出版、2015年
・國光登志子『現場で役立つ! ケアマネジャー必須書類・連携文書の書き方』ナツメ社、2013年
・介護支援専門員実務研修テキスト編集委員会編『六訂 介護支援専門員実務研修テキスト』一般財団法人長寿社会開発センター、2016年

著者紹介

榊原宏昌

さかきばら・ひろまさ

天晴れ介護サービス総合教育研究所代表

昭和52年愛知県生まれ
京都大学経済学部卒業

介護福祉士・介護支援専門員

特養・グループホーム・居宅介護支援・小規模多機能などの介護職、生活相談員、介護支援専門員、管理者を経て、介護現場をよくする研究・活動のため「天晴れ介護サービス総合教育研究所」を設立。執筆・研修講師・コンサルティング活動を行う。
著書に『クイズで覚えるケアマネジャー試験』(中央法規)、『居宅＆施設ケアプラン立案の方程式』(日総研)、『ケアマネジャーのためのケアプランの書き方＆文例ハンドブック』(ナツメ社) など多数。介護支援専門員受験対策など、スマートフォンで聴ける音声講座も配信している。

天晴れ介護サービス総合教育研究所オフィシャルサイト
http://www.appare-kaigo.com

だいじをギュッと！
ケアマネ実践力シリーズ

書類・帳票の書き方・活かし方

仕事の質が変わる！　書類事務のコツ

2017年12月20日　初　版　発　行
2019年11月20日　初版第２刷発行

著　者　榊原宏昌

発行者　荘村明彦
発行所　中央法規出版株式会社
〒110-0016
東京都台東区台東3-29-1 中央法規ビル
営　　業　TEL 03-3834-5817
FAX 03-3837-8037
書店窓口　TEL 03-3834-5815
FAX 03-3837-8035
編　　集　TEL 03-3834-5812
FAX 03-3837-8032
https://www.chuohoki.co.jp/

装幀・本文デザイン　相馬敬徳（Rafters）
装幀・本文イラスト　三木謙次
DTP　株式会社ジャパンマテリアル
印刷・製本　新津印刷株式会社
ISBN 978-4-8058-5610-9